人际关系心理学研究

王芳　著

延边大学出版社

图书在版编目（CIP）数据

人际关系心理学研究 / 王芳著. -- 延吉 ：延边大
学出版社，2022.9

ISBN 978-7-230-03876-8

Ⅰ. ①人… Ⅱ. ①王… Ⅲ. ①人际关系学－社会心理
学－研究 Ⅳ. ①C912.11

中国版本图书馆 CIP 数据核字(2022)第 172832 号

人际关系心理学研究

————————————————————————————————————

著　　者：王　芳
责任编辑：董　强
封面设计：正合文化
出版发行：延边大学出版社
社　　址：吉林省延吉市公园路 977 号　　　　邮　　编：133002
网　　址：http://www.ydcbs.com　　　　　　E-mail：ydcbs@ydcbs.com
电　　话：0433-2732435　　　　　　　　　　传　　真：0433-2732434
印　　刷：北京宝莲鸿图科技有限公司
开　　本：787×1092　1/16
印　　张：10
字　　数：200 千字
版　　次：2022 年 9 月 第 1 版
印　　次：2022 年 9 月 第 1 次印刷
书　　号：ISBN 978-7-230-03876-8

————————————————————————————————————

定价：68.00 元

前　言

　　人际关系是指人与人在相互交往过程中形成和发展的心理关系。人际关系心理学是一门运用现代心理学研究方法和知识探讨人际关系心理方面客观规律的心理学分支，它主要研究人与人关系的各种社会心理现象。人际关系心理学已成为现代社会人们越来越关注和重视的一门学科。

　　一直以来，人际关系都是与成功息息相关的因素。古语里关于成功的三要素"天时、地利、人和"，其中"人和"强调的就是和谐的人际关系。当前，构建和谐社会已成为时代的最强音。"和谐"的第一要义就是人与人的和谐。人类社会现已进入信息普及的时代，在新的环境和条件下，人际关系在社会关系中的地位日益凸显。

　　本书共六章，第一章主要介绍了人际关系和人际关系心理学的相关理论；第二章分析了影响人际关系的因素，包括个体因素、社会因素和其他因素；第三、四、五、六章分别论述了人际交往、人际信任、人际吸引、人际沟通的重要内容。

　　本书在撰写过程中得到许多专家和同行的支持与帮助，在此表示衷心的感谢。由于作者水平有限，加之时间仓促，书中难免存在一些缺点和错误，恳请广大读者批评指正。

王芳

2022 年 6 月

目　　录

第一章　人际关系与人际关系心理学概述 ……………………………… 1

　　第一节　人际关系 ……………………………………………………… 1

　　第二节　人际关系心理学 …………………………………………… 21

第二章　影响人际关系的主要因素 …………………………………… 30

　　第一节　个体因素 …………………………………………………… 30

　　第二节　社会因素 …………………………………………………… 40

　　第三节　其他因素 …………………………………………………… 45

第三章　人际交往 ……………………………………………………… 48

　　第一节　人际交往的发展 …………………………………………… 48

　　第二节　人际交往的原则和艺术 …………………………………… 52

　　第三节　人际交往的破裂及其应对方法 …………………………… 64

第四章　人际信任 ……………………………………………………… 68

　　第一节　人际信任的内涵、功能和类型 …………………………… 68

　　第二节　人际信任的前提因素 ……………………………………… 73

　　第三节　人际信任的产生、维持和修复 …………………………… 77

　　第四节　人际信任的测量 …………………………………………… 84

第五章　人际吸引 87

第一节　人际吸引的理论 87

第二节　人际吸引的影响因素 91

第三节　人际吸引的形式 98

第六章　人际沟通 113

第一节　沟通的基础知识及对人际关系的作用 113

第二节　人际沟通的步骤 123

第三节　人际沟通的方式 125

第四节　人际沟通的策略及应注意的问题 132

第五节　人际沟通在职场中的应用 139

参考文献 153

第一章 人际关系与人际关系心理学概述

第一节 人际关系

一、人际关系的基础知识

（一）人际关系的内涵和特征

"人际关系"作为专有名词是在 20 世纪初由美国人事管理协会最先提出来的。1933年，美国哈佛大学教授梅奥（G. E. Mayo）在著名的霍桑实验基础上，提出了与传统科学管理原理不同的新观点。这个观点强调生产中人的因素，强调企业管理人员及其下属之间的交往关系，其宗旨是为了提高劳动生产率。

1.人际关系的内涵

学习和研究人际关系，首先要明确什么是人际关系。从广义上看，人际关系是指人与人之间的关系，包括社会中所有的人与人之间的关系，以及人与人之间关系的一切方面。显然，此种定义没有揭示出人际关系的特殊性。从狭义上看，人际关系是人与人之间通过交往与相互作用而形成的直接的心理关系，它反映了个人或群体满足其社会需要的心理状态，它的发展变化取决于交际双方社会需要满足的程度。从历史上考察，人际关系是同人类起源同步发生的一种极其古老的社会现象，其外延很广，包括朋友关系、夫妻关系、亲子关系、同伴关系、师生关系、同事关系、上下级关系等。人际关系受生产关系和政治关系的制约,是社会关系中较低层次的关系,同时,它又渗透在社会关系的各个方面。它直接影响着人们的心理环境和社会环境。每个个体都生活在各种各样鲜活的、具体的人际关系之中。

一言以蔽之,人际关系是指人与人在相互交往过程中形成和发展起来的心理关系,涉及认知、情感和行为三个方面。人际关系包含以下几层含义:

第一,人际关系主要关注人与人在相互交往过程中心理关系的亲密性、融洽性和协调性。因此,人际关系属于社会心理学的研究范畴,主要指的是人与人之间的心理关系。

第二,人际关系是由一系列心理成分构成的。它既有认知成分、情感成分,也有行为成分。认知成分反映个体对人际关系状况的认知和理解,是人际知觉的结果,是理性条件;情感成分是对人际交往的评价态度,反映了交往双方在情感上满意的程度和亲疏关系,是人际关系的基础;行为成分是双方人际交往的外在表现和结果,是表现个性的一切外在行为。

第三,人际关系是在彼此交往的过程中建立和发展起来的。纷繁复杂的人类社会是人际关系的网络系统,而人际交往正是联结社会之网中个人与个人、个人与群体、群体与群体的桥梁,没有人际交往也就无所谓人际关系。不仅如此,人际关系建立之后,还需要通过交往加以巩固和发展。所以,积极地进行人际交往是建立、巩固和发展良好人际关系的重要条件。

2.人际关系的特征

(1)个人性

人际关系的本质表现在具体个人的互动过程中。在人际关系中,"教师"与"学生""上级"与"下级"这些角色因素退居到次要地位;而对方是不是自己所喜欢或乐意亲近的对象则成了主要问题。这就是人际关系个人性特征的表现。

(2)直接性

人际关系是在人们直接的甚至是面对面的交往过程中形成的,并且人们可以切实地感受到它的存在。一般来说，没有直接的交往和接触是不会产生人际关系的。人们之间在心理上的距离趋近，则会感到心情愉快和舒畅；若存在冲突和矛盾，则会感到抑郁和孤立。这些感受几乎是每个人都能体验到的。

（3）情感性

人际关系的基础是人们彼此之间的情感活动。感情色彩可以说是人际关系的主要特点。概括起来，人际情感倾向可以归结为两大类：第一，使人们互相接近或吸引的情感，即联合的情感；第二，使人们互相排斥和反对的情感，即分离的情感。在第一种情况下，对方总是所希望的、满意的客体，个体有强烈的与其合作的行为倾向。而在第二种情况下，对方则是不能被接受的、难以容忍的，甚至是感到厌恶的客体。

（二）人际关系的类型

1.按人际关系的媒介分类

按人际关系的媒介分类，人际关系可以分为血缘关系、地缘关系、业缘关系和趣缘关系。血缘人际关系泛指因血缘联系和姻缘联系而形成的人际关系，如亲子关系、叔侄关系、夫妻关系、婆媳关系等。地缘人际关系是因为人们有共同的生活空间而形成的人际关系，如老乡、邻居、校友等。业缘人际关系是指人们在职业、行业、专业、事业的基础上建立的人际关系。趣缘关系是指人们在社会生活中因情趣相投而建立的人际关系，如棋友、球友等，相同的兴趣是形成这种关系的基础。

2.按互动的方式分类

美国心理学家雷维奇（P. Lewicki）对一千多对夫妇进行研究后，把人际关系分成以下几种类型：主从型、合作型、竞争型、主从—竞争型、主从—合作型、竞争—合作型、无规则型。

几乎所有的人际关系都含有主从型人际关系的成分。如果我们仔细观察，就会发现在日常生活中，有一些人喜欢支配别人，与此相对的是，另一些人则愿意服从别人的支配。这两者如果进行交往，就会形成主从型人际关系。

竞争型人际关系是指交往双方为了各自的目标而互相竞赛、互相排斥的人际关系。这是一种既让人兴奋又让人焦虑的关系类型，交往双方都在自己身边安置了一个潜在威胁。

人们比较推崇的是合作型人际关系，指交往双方为了达到共同目标而达成互相配合、互相忍让的人际关系。

在现实生活中，这些人际关系的区分并不是泾渭分明的，而是彼此杂糅的。有时候是一个人与不同的人有不同类型的人际关系，有时候是同样的交往双方在不同的情境中采取不同类型的交往方式。

（三）人际关系建立的条件

良好的人际关系是建立在交往双方的需要都得到满足或者相对满足的基础之上。通俗地说，就是人与人之间相互重视、相互支持，满足彼此都希望被接纳、被认同的需要，这被称为人际交往的交互条件。如果一方的这种需要得到满足而另一方的需要得不到满足，就不可能建立良好的人际关系。任何人都不会无缘无故地被接纳、被喜欢。被别人喜欢是有前提的，那就是喜欢他人，承认他人的价值，给他人以某种程度的安全感。这可以用强化理论来解释：人们喜欢给自己带来酬赏的人，而讨厌给自己带来处罚的人。这是因为酬赏性的关系能使人的精神需要得到一定程度的满足，而处罚性的关系则会破坏这种精神满足。同时，我们不只是喜欢直接给我们提供酬赏的人，对与提供酬赏有时间、空间联系的人也会产生好感。除了这种内在需要得以满足的交互条件，人际关系的建立还需要其他条件，具体如下：

1.一定的时空条件

在特定的时间和场所，人际关系得以建立并发展。由日常经验可知，原本陌生的同学、同事，由于在一定时间处于相同场所，相互接触、逐步熟悉，发展出友谊甚至爱情。然而，随着毕业或者工作变动，原本朝夕相处的同学和同事天各一方，开始还保持一定的联系，以后关系逐渐淡薄。有些人把朋友和同事看成同路人，即当大家在同一条路上走的时候，彼此相惜，一旦旅途结束，大家分道扬镳，各奔东西。

2.一定的人际交往技巧

首先，要形成良好的第一印象。第一印象在人际关系的建立与发展中起着重要的定向作用。初次交往的男女，如果彼此有好感，就会在双方头脑中留下较好的第一印象，其关系就有可能很好地发展下去，即使以后在交往中发现对方的一些细节问题，也不会太往心里去。如果初次见面就给对方留下不好的印象，很可能就没有进一步交往的可能，即使其本身有很多优点。

其次，要主动交往。对任何一个社会需要发展正常的人来说，都希望有一个良好的人际关系网络。许多人虽然有交往的欲望，但仍不得不忍受孤独，他们朋友很少，这是由于他们在人际关系的建立过程中总是采取消极、被动的退缩方式，总在等待别人先接纳他们。主动交往对性格内向的人来说更为重要。

再次，要懂得移情。此处的移情，通俗地说是将心比心，懂得心理换位，体验别人的真实情感。如果一个人不能很好地理解别人，体验别人内心的真实情感，就无法使自己的人际关系向良好的方向发展。

最后，要学会帮助别人。对任何人来说，只有人际关系是有价值的，他/她才愿意去建立和维持。所以说，帮助别人对良好人际关系的建立与维持是非常有必要的。此处的帮助不仅指物质上的帮助，更是指情感上的支持，如分担痛苦、聆听等。

此外，还要在平时注意自己言谈举止中的细节问题，如表达委婉含蓄、注意聆听、掌握交谈的技巧等。

（四）研究人际关系的必要性

随着社会的发展、科技的进步、个体社会化的不断加剧以及现代化生活方式的变革，人际关系在社会现实生活中变得越来越重要，引起人们的高度重视。日益发达的互联网通信技术和现代化交通工具使地球变得"越来越小"，计算机技术使远隔千山万水、未曾谋面的陌生人之间的对话成为可能，于是，人际交往、人际关系成为决定人们能在多大程度上对社会作出贡献、增加知识和技能，以及满足自己的物质和精神生活需要的决定性条件之一。人们已经普遍意识到，对人际关系进行深入、细致的研究是社会发展和现实生活向心理学工作者提出的新课题，也是个体自我实现和人类自身完善的迫切需要。研究表明，人际关系的崩溃与某些社会问题有着千丝万缕的联系。有研究者指出，人们研究人际关系的兴趣日益高涨的原因在于，良好的人际关系有利于生活幸福、心理健康和身体健康。具体来说，人际关系研究的必要性主要表现在以下几个方面：

1.有利于促进和谐社会的建设

建设和谐社会需要培养一代新人，需要提高全体人民的素质，而这都建立在良好的人际关系基础上。同样，良好的人际关系有利于培养高素质人才，使他们能把全部精力都用在如何正确按照社会要求发展自己上，这是一个良性循环过程。尤为重要的是，个体的社会化、人类文明的传递也是在人际关系中实现的。同时，交往中形成的良好的人际关系使社会成为一个网络状的有机整体，这又为建立和谐的人际关系奠定了基础。

2.有利于增强群体的凝聚力

在生产力诸要素中，人是决定性因素。在社会生产过程中，建立和维持良好的人际关系才能使社会和各种组织的整体性加强，群体内聚力提高，人们才能团结一致、协调工作，最终提高劳动生产率，促进社会生产力的发展；反之，则会出现人际内耗，从而极大地影响人们工作的积极性和劳动生产率的提高，进而影响社会整体性和组织有效性。

3.有利于形成良好的人际心理环境

现代社会要求人们不仅要有强健的体魄、健康的心理，而且要求拥有融洽的人际心理环境，良好的人际关系为此提供了可能。大量统计资料表明，目前人们学习、生活和工作环境中的人际冲突、人际内耗现象是很严重的，这固然与社会文化和客观社会背景等因素有关，但主要原因在于人际心理环境建设滞后于个体心理发展，没有积极优化人们的学习、生活和工作环境，也没有为个体提供必要的心理咨询和指导，从而导致社会消极因素乘虚而入。各种消极的信息刺激通过暗示、感染和模仿等心理机制，形成不利于个体发展的人际氛围。所以，个体人际心理环境的优化实际上就是其心理活动的优化。我国心理学家丁瓒早在 1947 年就指出："人类的心理适应，最主要的是对人际关系的适应，所以人类的心理病态，主要是由于人际关系的失调而来。"这句话在目前仍具有启发意义。

4.有利于促进个体发展

和谐的人际关系犹如空气之于人、水之于鱼，使人们耳濡目染，把建立和维持人际关系的原则化为自己的价值体系并调节、支配自己的行为，获得正确的社会文化规范和社会角色意识，这是提高个体素质所必需的一个环节。同时，良好的人际关系有利于为人们提供个性自由发展的广阔天地。教育的最终目的是培养人，为社会培养出大批有知识、有能力、有健康心理和个性自由发展的创新型人才。这种创新型人才的造就，需要一个良好而融洽的人际环境，需要不断克服人际交往活动中出现的种种异常现象。良好人际关系的建立和维护必须克服种种异常现象，代之以个性观念的真正树立，而正确的人际交往需要的唤起和满足使个性的自由发展有了可靠保证。

总的来说，人际关系心理学的研究是现实生活的需要。尤其在我国，人际关系是以天命观、家族主义和以儒家为中心的传统伦理思想为基础，人际关系的基本模式是人缘、人情和人伦。因此，对人际关系心理学的研究，不但有利于优化人们的学习、生活、工作环境，丰富人们心理活动的内容，使他们获得必要的心理归属感和认同意识，建立正确的价值体系，扮演好自己的社会角色，而且有利于人们个性的自由发展，增强他们在社会生活中的主人翁意识和主观能动性，帮助人们从人与人之间关系变化发展的规律来认识社会并在社会发展中发挥更大作用。正是由于生活中的许多乐趣来自人际交往中所形成的人际关系，因而无论是儿童还是成年人，都始终把人际关系放在重要位置，这已成为世人的共识。

二、人际关系与心理健康

（一）健康与心理健康

1.健康

健康是人生最大的财富。健康并不代表一切，但失去了健康，便丧失了一切。人只有健康，才能有效率地工作、学习和交往。那么，什么是健康呢？其实，不同的社会发展水平下，人们对健康的认识是不同的。在生产力发展水平低下的时期，人们主要依靠体力同自然作斗争，只要躯体没有疾病，有能力进行劳动，就是健康的。随着现代医学的发展，人们逐步认识到人的整体性及人与环境的统一，人们对健康的认识发生了实质性变化。健康包括躯体健康、心理健康、社会适应良好和道德健康。这是对健康全面、系统的定义。其中，社会适应与道德健康就是良好人际关系的体现。

2.心理健康

心理健康是指一种持续的、积极的心理状态，个体在这种状态下能够更好地适应环境、发展自我。这种积极的心理状态体现为良好的个性、良好的人际关系及与环境保持良好适应的能力。

人与人之间的友好交往是人的基本需要。现代社会的人际关系日趋复杂，人际关系已成为影响人们心理活动、导致心理应激的主要因素之一。一般而言，引起人们损失感、威胁感和不安全感的社会环境造成的心理刺激最易致病，不良的人际关系就是其中之一。人际关系需求不能满足，是现代社会影响人们心理健康极为重要的因素。一个人对社会环境的适应能力，很大程度上表现为人际关系的适应能力。现代社会，人们渴望心理的平衡、心灵的安宁，以应对复杂多变、日新月异的社会环境。人与人之间的矛盾冲突比人与自然的矛盾冲突对人的影响更为深远。现代社会人际关系的复杂性容易使人们陷入焦虑状态，而焦虑状态既是诸多神经症的普遍症状，又是引起或加重神经症的关键性因素。人际关系失调之所以影响身心健康，是因为它使人的基本需要得不到满足，构成了一种挫折源，进而使人产生不良的情绪反应，诸如焦虑、恐惧、愤怒、敌对等。而不良的情绪又会作用于人的生理活动，从而对人的身心健康产生不良影响，诸如神经衰弱、抑郁症、恐惧症等常与人际关系失调有关。不仅如此，由此产生的心理行为还会直接影响个体的社会适应和活动效能。一方面，人际关系不良影响个体的心理健康水平；另一方面，心理健康状态不佳、有心理障碍的人往往容易出现人际关系失调的情况。二者有时互为因果，容易导致恶性循环。

（二）建立良好的人际关系对心理健康的意义

1.良好的人际关系是心理和个性保持健康的基本条件

人人都有归属于一定的社会团体，得到他人爱与尊重的基本需要。这些社会性需要是与吃饭、穿衣等生理需要同等重要的缺失性需要，必须得到满足，否则，主体将丧失安全感，进而影响心理健康。社会学与人类学的研究证明，群体合作具有生物保存与适应的功能，如果没有群体合作，不仅是人类，许多生物都会灭绝。

不同的人际关系会引起不同的情绪情感体验。良好的人际关系能给我们带来良好的情绪体验。人们在心理上的距离越接近，双方就越能感到心情舒畅、情绪高扬。如果人们生活在幸福、和睦的家庭里，大家相互体贴、关心，彼此信任、依赖，在情感上非常融洽，大家都会感到温暖。如果家庭成员之间经常发生矛盾和冲突，意见无法沟通和协调，心理上的距离很大，缺乏相互关心，那么大家就会产生不愉快的情绪体验，会低落、消沉，甚至会感到孤独和忧伤，进而出现生理不适应的情况，直接影响身心健康。

良好的人际关系能丰富我们的社会角色。角色，在社会心理学里是指一定社会身份所要求的一般行为方式以及理解事物的态度和价值观。角色的获得，是指站在别人的立场上体验别人的角色，了解别人在特定交往情境中的期望与情感。通过角色获得，我们可以知道别人在特定条件下期望我们做出怎样的行为，了解此时此地，我们怎样表现才恰当，接下来调节自己的行为，使行为能够达到自己的期望。

　　心理学家发现，通过角色获得，我们可以细致地了解别人在特定条件下对我们的感受。如果角色获得成功的话，我们甚至可以知道应该用多高的声音说话，选择怎样的方式表达情感等。一般来说，个体参加的社会活动越广泛，承担的社会角色越多，个体的发展就越丰富、越全面。当我们跟师兄、师姐学习交谊舞的时候，我们承担了一个学生的角色；如果我们兼职做一份家教，我们又承担了一个老师的角色；在我们帮助别人的时候，我们扮演了一个助人者的角色；当我们有了烦恼的事向朋友倾诉的时候，我们又扮演了一个求助者的角色。丰富的社会角色既能帮助我们了解别人，也能帮我们认识自己。而且，当我们投入一个新的角色时，我们会发现生活新的意义，进而对自我成长提出新的要求。

　　良好的人际关系可以改善个体性格上的不足。有些人特别容易害羞，害怕在人多的场合讲话，或者在有异性在场的时候感到紧张；有些人害怕与陌生人打交道，总是限定在一个小圈子里；有些人性格孤僻，总是与他人保持一定距离，独来独往，封闭自己的心灵。这些性格上的不足有些有其先天的基础，但更多还是后天形成的。通过良好的人际关系，这些性格上的不足能够得到改善。

　　由于人际交往是一种双向互动的活动，他人的期待和回应往往会成为个体作出回应的动力。比如，有个学生在上大学以前性格内向，不愿意与人交流。在初、高中阶段，学生的主要任务就是学习，很容易忽视人际交往的问题，但大学生活不再局限于知识的学习，这位性格内向的学生就很难再做到独来独往。现在，班里要集体排演一出节目，即使他不愿意参加演出，也会有同学积极劝说，迫于别人的情面，他可能就开始了与人交流的尝试。而在与人交流的过程中，他得到别人的反馈，开始重新认识自己，这样性格就能得到改善。

　　2.良好的人际关系对一些心理问题有治疗作用

　　良好的人际关系不仅是人健康成长的基本条件，同时也是治疗心理障碍的重要资源。各种对严重精神障碍及危机的干预，虽然方法不同、技术各异，但有一个共同点，都需要配合以支持治疗。所谓支持治疗，其中最重要的支持是来自亲人与朋友的关心与理解。当你感到悲观失意、伤心抑郁时，有了亲人的安慰与关怀，你会感到精神的慰藉，从而获得战胜困难的勇气；相反，如果亲人冷言冷语，也许会使你跌入失望的深渊。此外，与人交往可以减轻个体焦虑。因为进入群体，当人们在一起互动和讨论时，可以引入消除不协调的认知因素，如新的消息和意见，从而使焦虑大大减轻。

三、人际关系与人的需要

作为社会性的人，离不开与别人的交往。就像吃饭、睡觉一样，人际交往也是人的一种需要，良好的人际关系是人生存和发展的基础。人际关系是人们在交往过程中建立起来的人与人之间的心理的和社会的关系。关系的好坏反映了人们在相互交往过程中物质的和精神的需要是否得到满足的心理状态，如果需要得到满足，就表现出喜欢和亲近；反之，则表现出厌恶和疏远。其实质是人与人之间的心理距离，距离越近人际关系就越亲密，距离越远人际关系就越疏远。所以，人际关系具有强烈的感情色彩，这与其他社会关系层面上的政治关系、法律关系等有一定的区别。

（一）需要的基础知识

在长期的劳动和实践中，人从动物群体中分离出来，组建成形形色色的社会群体。无论是处于群体中的人还是个体的人，其活动都是由人的内在需要决定的。人类需要的产生、发展和不断满足，是实现个人与社会和谐发展的客观基础。

1.需要的概念

我国著名心理学家朱智贤认为，需要是个体和社会的客观需求在人脑中的反映，是个人心理活动和行为的基本动力。黄希庭教授认为，需要是有机体内部由于生理或心理上的某种匮乏而产生的不平衡状态，它表现出有机体的生存和发展对客观条件的依赖，是有机体活动的积极性源泉。还有学者认为，需要是人在生活中感到某种欠缺而力求获得满足的一种心理状态，是对客观事物需求的反映。但无论怎么定义，我们都可以清楚地认识到需要能推动人的行为的产生。人际交往是人类高级、复杂的行为，它同样是由需要推动的。交往的需要导致人际交往的产生，又在人际交往过程中发展并得以满足。

2.需要的形成

人的需要是一个由低级的生理性需要的满足逐渐产生高级的社会性需要的发展过程。任何生物体想生存和繁衍都会产生不同的需要，植物需要阳光、空气、水，动物需要食物、生存空间……它们的这些需要是自然而然产生的。而人的需要则与此不同，人不仅是一个自然的人，更是一个社会的人，人是不能离开社会活动的。人的需要有其动物性的一面，主要满足人的生理层面的需求，也有其人性的一面，体现为人的心理层面的需求。

从出生到死亡，人处于不同的发展阶段，而人在每一个发展阶段都有不同的需要。刚出生的婴儿，其基本需要就是生存的需要，即满足进食、睡眠等先天性的本能需要，这种需要的满足离不开照看者的照顾。随着生理发展和与成人交往的增多，婴儿会产生爱与亲密的需要及其他情感需要。例如，两个月的婴儿逐渐产生对人脸的积极情绪反应，他们喜欢看人的脸并对其微笑。稍大点的幼儿，他们会对周围环境表现出强烈的探求欲望，特别喜欢模仿成人生活，于是他们通过游戏来体验成人社会。在游戏中，他们可以扮演任何人，如"妈妈""医生""老师"……到了学龄期，儿童的主要任务是学习，同样，学习也离不开交往。在学校与家庭生活中，通过与老师、同学、父母的交往，他们学习相关的社会知识，以成为好学生而得到学校、家庭、社会的积极肯定来满足自己爱与尊重的需要。随着年龄的增长，青少年通过参加社会、集体的各种活动，以满足自己在学习、生活等方面的需要。成人期，人们频繁地参与人际交往，保持良好的人际关系，以满足自我价值实现、追求完美人生的需要。由人的需要的发展变化可以看出，随着人的成长，人的需要由生理性需要向社会性需要转变，并且社会性需要的比重越来越大。

3.需要的种类

（1）按需要的起源划分，可分为自然需要和社会需要

自然需要主要指人的衣、食、住等需要，这是为了维护个体生存和繁衍而自然产生的。虽然人和动物都有自然需要，但在需要的内容、表现方式及满足需要的手段上有本质区别。人的需要不仅可以通过自然物体得到满足，还可以通过人际交往活动过程中的社会生产得到满足。例如，对衣物的需要不仅是遮羞、保暖，还要求穿着合体、漂亮。

社会需要是社会生活的要求在人脑中的反映，是人在社会交往中产生的对人际关系、生产活动的需要，如交友的需要、学习的需要、受人尊重的需要等。社会需要是人类所特有的，是在自然需要的基础上发展和升华出来的。

（2）按需要的指向性划分，可分为物质需要和精神需要

物质需要是以对物质产品的占有为目的的需要。它可以分为低级的物质需要和高级的物质需要。低级的物质需要指基本的食物、繁殖等的需求，高级的物质需要指对高级住宅、高档服饰等的需求。

精神需要是指人对社会精神生活及其产品的需要，如对文学艺术的需要、对爱的需要、对审美的需要等。

物质需要与精神需要既有联系又有区别，精神需要的满足要建立在物质基础之上。例如，人们收藏艺术品，首先要有一定的物质基础，才能实现收藏的愿望。物质需要和精神需要并不完全一致，物质生活水平低的人同样可以有较高的精神需求；反之，高水平的物质生活未必就能满足精神需要。

（3）按需要的总体归类划分，可分为生理需要和心理需要

生理需要主要涉及物质方面，然而生理需要中还有一种本能性需要，即逃避痛苦、追求快乐的需要。每个人都不喜欢痛苦，因为它使人难受，为了避免这种痛苦，人们就会想尽办法来躲避它。

心理需要可分为尊重的需要、安全的需要、自主的需要及归属的需要。

第一，尊重的需要。尊重是"关心"和"重视"的体现。每个人都有被关心及被重视的需要，当这种需要被满足时，个体对自己的肯定与自信会增加；否则，很容易产生自我怀疑、自我否定。人与人是各不相同的，由于经历与生活环境的不同，人们彼此有不同的看法、想法及感受。我们不一定要认可这些不同，却可以对它们表示重视与关心；我们不一定要接纳它们，却不必"否定"它们，这就是尊重。在尊重的前提下，人们不用担心自己的言行怪异，不用害怕别人的批评，不用压抑自己独特的意见会招来异样的眼光，人们可以做真正的"自己"。

第二，安全的需要。安全是人毕生所追求的一种感觉。母亲对孩子来说为何总是具有吸引力？当孩子开始蹒跚学步时，他/她常常走两步就要回头看看母亲，为什么？当孩子长大离家之后，受到挫折时，第一个想到的往往是母亲，为什么？从本质上来说，这是因为母亲带给孩子的是一种安全感。

第三，自主的需要。我们经常会看到这样的现象，一个刚开始学吃饭的孩子，同样的饭，母亲喂他/她的时候他/她不吃，如果让他/她自己吃，即使弄得一塌糊涂，也兴趣盎然。孩子自主性的发展，从他/她在不同年龄段常用的口头语就可以略窥一斑。幼儿园的小朋友经常说："我妈妈/爸爸说……"；小学生经常说："我们老师说……"；初中生经常说："我们同学说……"；高中生和大学生则越来越多使用"我觉得……""我认为……""我喜欢……""我选择……""我决定……"。这些充分反映了人对自主性的需求。

第四，归属的需要。一个新组合的班级，其凝聚力总是比不上一个旧班级。班里的每个成员都会觉得这个新班级不如原来的班级好。实际上，真的是原来的班级更好吗？真实原因可能是这些新成员在这个新班级里找不到归属感。归属感影响着班级成员对一个班集体的评价。

（二）良好的人际关系是人的需要满足的条件

1.良好的人际关系是人的本能需要

人类的祖先——古猿的自我保护能力很差,它们没有锐利的牙齿和爪子充当自卫的武器,奔跑的速度也不如其他动物,因此,古猿要保护自己、繁衍后代,就必须依靠集体的力量抵御敌害与灾难。经过长期的进化,人类的祖先形成了集群的习性并通过种族繁衍传给后代。因此,人类天生就有与别人保持良好关系的需要,也只有与群体中的其他人保持良好的关系,人类才能真正具有安全感。

2.良好的人际关系是心理健康的需要

人具有社会性,交往是人类社会的本质特征。个体的成长、幸福、快乐,都是与他人的交往相联系的;个体的烦恼、痛苦,同样与别人的交往密不可分。大量的研究和人们的生活实践都已证明,对任何人来说,正常的人际交往和良好的人际关系是个体心理正常发展的必要前提。

心理学家发现,在人为的孤立环境下成长的猴子会形成许多心理缺陷,它们性格孤僻、胆小。对这种状况有效的改善方法就是让它们与正常的同龄猴子一块玩耍,用不了多久,这些有心理缺陷的猴子就会变得正常起来。人的成长和发展也是如此。成长中的儿童如果缺少与成人的正常交往以及由此建立起来的亲密关系,不仅个性发展会出问题,而且智力发展也将明显滞后。

此外,人际关系的状况还直接影响个体的心理状态和性格养成。如果一个人长期缺乏与别人的积极交往,缺乏良好的人际关系,就会出现明显的性格缺陷。在临床实践中也发现,绝大多数青少年的心理问题是与缺乏正常的交往和良好的人际关系相联系的。在友好、合作、氛围融洽的环境中,多数大学生由于有良好的同伴交往,即使远离家乡、亲人,也往往表现出积极向上的心理状态,对大学生活感到满意。相反,在同伴关系不融洽环境中的大学生,往往表现出压抑、敏感、自我防御性强等特点。

3.良好的人际关系是社会生活的需要

个体心理学的创始人阿德勒（A. Adler）认为，每个人的生活都有三项重要内容：职业选择、爱情婚姻、参与社会活动。这三项重要内容都离不开与人的交往。每个人都具有与别人和谐相处的需要，这叫"社会兴趣"。个体能否圆满地解决这些问题，不仅反映了他/她的社会兴趣是否得到充分发展，也表现了他/她对生活的意义是否具有深切的感受。一个人如果有美满的爱情生活，也非常热爱自己的职业，有可观的成就，在社会生活中有良好的人际关系，就可以说，这个人有丰富的社会兴趣。相反，如果一个人婚姻不美满、工作不如意，在社会上又没有什么朋友，难以和别人交流，那么这个人就缺乏社会兴趣。

人的需要的满足离不开人际交往，人际交往是人的需要满足的基本途径。作为社会生活中的人，其活动的目的无非是确立自身价值感和满足安全感。为了使自己的人生具有价值，获得明确的自我价值感，人需要通过别人来了解自己，需要爱和被爱，需要获得归属感，需要助人和得到别人的帮助，以使自己有机会显示自己的优势和专长……所有这些，都需要同别人交往，需要同别人建立并保持一定的关系。自我保护是人最根本的原发性需要，是人生存的第一生活法则。这种自我保护的需要就是安全的需要。当人们面临危险情境而感到恐惧时，与别人在一起可以有效地减少恐惧感；但当独自面对危险情境时，人们会倍感孤独，应对危险情境的信心会大大降低。

在人际交往过程中，个体的心理需要得以满足。从来到这个世界上起，每一个个体不仅需要食物和衣物，也需要得到别人的关怀和帮助。社会群体中，人与人之间的良性交往会形成一种相互理解、信任、友爱和关心的心理氛围，在这种氛围中，个体的心理会得到健康、合理的发展。一个人只有在与他人的交往中，才能获得生活所需要的勇气、乐趣、情感。在当前高度信息化的社会中，人际关系变得更加重要。我们日益离不开手机，是因为我们需要更加快捷地与人交往；网络变得越来越重要，是因为它提供给我们更加便捷的交往模式，满足了人们之间特殊的交往需要。当今社会，只有更加重视人际交往，形成良好的人际关系，才能充分利用社会提供给我们的一切优秀成果，才能使自己得到全面发展。

（三）人际关系的需求类型

每个人都需要与别人交往，建立良好的人际关系是一种需要，但不同的人对人际关系有不同的心理需求，这些需求可分为以下三类：

1.包容的需求

包容的需求是指个体希望与别人来往、结交，想与他人建立并维持和谐关系的欲望。基于这种需求而产生的行为有交往、沟通、参与、亲和等，与此相反的是孤立、退缩、排斥、疏远等行为。

2.支配的需求

支配的需求是指个体在权力基础上希望与他人建立并维持良好关系的欲望。其行为表现为运用权力去控制、支配与领导他人，与此相反的是抗拒权威、忽视秩序、受人支配、追随他人等行为。

3.感情的需求

感情的需求是指个体在感情上希望与他人建立并维持良好关系的欲望。其行为表现为喜爱、亲密、同情、热情等，与此相反的是憎恨、厌恶、冷淡等行为。

四、人际关系与个体成长

（一）良好的人际关系促进个体成长

1.人际关系是心理健康的源泉

良好的人际关系对个体的心理健康水平、主观幸福感、社会支持等方面有正向影响。从心理健康的角度来讲，良好的人际关系能满足个体安全、归属和自尊的需要，能增强个体的力量感，同时还能使个体获得友谊和社会支持。良好的人际关系能减少空虚、孤独、寂寞、恐惧、痛苦等负面情绪，使个体保持健康的心理状态。没有健康的心理状态，一个人是很难在社会上获得成功的；而如果没有良好的人际关系，一个人很难获得健康的心理状态。

2.人际交往是了解自己的一个重要途径

"人贵有自知之明""知人者智，自知者明"——这些中华传统文化中的智慧一再告诉我们"自知"对一个人来说是多么重要。那么，我们应该怎样在现代心理学体系下理解"自知"呢？它类似于现代心理学体系下的"自我知觉"。自我知觉，也叫自我认识，是指个体对自己的认识，个体能够感觉到自己此时此地的身心状态。自我认识包括正确认识自己的需要、兴趣、能力、个性、行为及心理状态。

自我包含三个层面的内容：一是身体自我，即自己的身体特征、体态仪表、家庭结构、实物占有等方面；二是社会自我，即自己在社会上的名誉、地位等状况；三是精神自我，即自己的智慧、才识、能力、道德等状况。自我认知是人际交往的基础，一个人如果不了解自己，就会产生不正确的认知。把自己看得过高会产生自傲心理，把自己看得过低会产生自卑心理；太过自信会变得以自我中心，太不自信会变得羞怯。只有恰当地评估自己的能力和特点才能从容自如地与别人交往，而恰当地评估自己的能力和特点的前提就是在与他人交往的过程中不断地发现自己、认识自己，最终完善自己。

自我概念是对他人判断的反映。我们觉得自己好或者坏，依赖于别人对我们判断的设想。最简单的例子就是我们在作重大决定的时候，会先向身边重要的人请教，以此来保证自我与周围人的判断一致。如果我们买了一件新衣服，我们会争取周围人的评价，即使嘴上不说，我们内心也是期待他人的正面评价的。他人对我们重要决定的意见往往是针对社会自我或精神自我的，他人对我们新买来衣服的赞美往往是针对我们自身的。他人肯定我们，我们会觉得很高兴，我们知道自己正在朝着好的方向发展；他人否定我们，我们会很失落，因为我们知道有些地方需要改进。自我知觉就是在这个肯定或者否定的过程中逐渐发展起来的。

（二）人际关系是人才成长的土壤

1.人际关系是一种智力

随着心理学家对人类智力研究的不断深入，智力理论较以前有了较大发展。而现代智力理论中较有代表性的是加德纳（H. Gardner）的多元智力理论。加德纳在其智力理论中明确区分出八种智力，包括逻辑—数学智力、自我认识智力、身体—运动智力、自然智力、视觉—空间智力、交际智力、音乐智力、语言智力。这些智力成分是相互独立的，受不同的脑部神经调节。处理人际关系是一种智力，这种智力在个体的职业生涯中发挥着重要作用。

2.在与人交往中提升自己的能力

美国著名心理学家埃里克森（E. Erikson）提出了人格发展八阶段理论，他认为每个阶段都包含一个需要解决的冲突，具体如下：

①学习信任阶段（0～1.5岁）：基本信任和不信任的心理冲突；

②成为自主者的阶段（1.5～3岁）：自主与羞耻、怀疑的冲突；

③发展主动性阶段（3～5岁）：主动与内疚的冲突；

④变得勤奋阶段（5～12岁）：勤奋与自卑的冲突；

⑤建立个人同一性的阶段（12～18岁）：自我同一性和角色混乱的冲突；

⑥承担社会义务阶段（18～25岁）：亲密与孤独的冲突；

⑦显示创造力的阶段（25～65岁）：生育与自我专注的冲突；

⑧达到完善的阶段（65岁以后）：自我调整与绝望期的冲突。

可以看到，这八种冲突多数是与人际关系有关的，也就是说，只有在良好的人际关系中，这些冲突才能得到圆满解决。

我国的家庭教育存在一个误区，家长认为成绩是孩子成才的关键。其实，这是舍本逐末的做法。孩子的自尊、自信等良好品质比成绩更重要。当一个孩子自信心降低时，这个孩子学习的动力也就降低了，就会陷入失败的恶性循环中。而自尊、自信等品质是在人际交往的过程中获得的，没有良好的人际交往，孩子便不能形成自尊、自信等良好的心理品质，如果一个孩子没有形成自尊、自信等良好的心理品质，他/她就很难融入集体，更不用说与同学发展亲密关系了。体验不到学校乐趣的学生，即使短时期内努力取得好成绩，也很难保持下去。当孩子学习成绩不好的时候，家长采取强迫的办法让孩子学习，这样做的结果经常是适得其反。

另外，心境、情绪和认知三者是相互影响的。心境是一种弥散性的情绪。情绪对认知的影响主要表现在心境对认知的影响上。心境不但影响个体对记忆材料的提取，也影响个体推理的内容、加工和决策的方式。积极的心境会加速个体对有关材料的加工，促进思维的流向，使人较容易回忆起更多材料，从而简化决策过程。同时，积极心境下的人喜欢用肯定的眼光看事物，通常表现出积极的行为，而消极心境下的人往往用否定的眼光看问题，通常表现出消极行为。

（三）人际关系是一种生产力

1.良好的人际关系具有信息功能

人际交往具有信息传递的功能。人际交往的第一步就是传递信息，如果这一步未能完成，人们彼此就无法认识，更深层次的人际关系也就无从建立。当今社会是一个信息社会，信息已经成为人们生活中重要的资源。生活中的每个人都有自己掌握的"独家信息"，这些信息可能是附近哪一家超市的东西质优价廉，可能是 Word 使用上的一个小技巧，也可能是经历了一次教训之后得来的经验……总之，这些信息对我们的生活是有用的，但只有建立了良好的人际关系，我们才能获得这些信息。在良好的人际关系中，人们相互交流信息，这个过程使得交往双方都能得到发展。

2.良好的人际关系能产生社会促进效应

所谓社会促进效应，是指人们在共同工作或有人在旁边观察的时候，活动效率会比单独进行时升高或降低。它是一种集体效应。

头脑风暴是激发思维、创造性解决问题的一种方式。当问题陷入困境的时候，几个人在一起畅所欲言，各种观点和灵感在短时间内一个个迸发出来，这种思维上的碰撞能够产生"智力共振"，使问题的解决进入"柳暗花明又一村"的层面。这种解决问题的方式是在群体的环境中进行的，而成员之间如果没有形成良好的人际关系，彼此怨恨，恶语相向，不能一起讨论问题，那么头脑风暴也就无从谈起。

良好的人际关系不但能给人奋发向上的力量，还能给人解决问题的信心。当我们陷入困境的时候，朋友一句鼓励的话可能让我们重新获得生活的勇气；当我们遇到难题的时候，朋友一句不经意的点拨可能让我们豁然开朗。

3.良好的人际关系能产生经济效益

企业家可能最为认同良好的人际关系能产生经济效益这一观点。对外而言，企业家的人际交往能给企业的发展带来很多商机。例如，通过认识几个朋友就能为商品打开销路。对内而言，一个公司的工作氛围在很大程度上取决于公司内部员工的和睦程度。而工作氛围影响员工的创造力和工作效率，所以，员工之间的人际关系影响着公司的生命力。特别是对求职者来说，良好的人际关系是他们选择某一个公司的重要因素。因此，良好的人际关系能促进企业发展，产生较大的经济效益。

第二节　人际关系心理学

自"心理学之父"冯特（W. Wundt）1879 年在德国莱比锡大学建立世界上第一个心理学实验室至今，一百多年来心理科学的不断发展不仅使学术流派林立，而且分支学科迭出。心理学分支学科的繁荣，根植于社会生活实践呼唤下的应用心理学。人际关系心理学作为社会生活现实和心理科学相结合的产物，已成为应用心理学的一个重要组成部分。

人际关系心理学的研究，可以使人们明了人际关系中的种种心理、行为发生的条件和背景，了解人与人之间心理上的关系和距离，使个体需要与他人需要、社会需要相协调，并使这方面的知识系统化和理论化，使那些不够详尽的社会常识性知识得以丰富，从而有助于人们对众多人际事件进行预测、调控和疏导，实现个体对自身心理活动的理解和调节，以建立和维护良好的人际关系，所以这门学科越来越为社会所重视并引起人们的广泛兴趣。正所谓"人生的美好是人情的美好，人生的丰富是人际关系的丰富"。这里，笔者着重阐述人际关系心理学的概念、学科性质、研究任务等，使人们对人际关系心理学有一个整体的认识与把握。

一、人际关系心理学的概念

人际关系心理学是在人际关系心理方面的客观事实的基础上，运用现代心理学研究方法和理论探讨人际关系发生发展和变化规律的心理学分支。它与社会学、人类学等学科有着紧密联系。本质上，人际关系心理学是一门正在形成的社会心理学分支或应用心理学分支。从社会心理学角度考察，其主要研究对象是人与人之间的各种社会心理现象，包括遵从、侵犯、亲社会行为、社会交换、社会比较、协作、竞争等，研究范围涉及社会生活的各个方面。其学科框架由人际关系理论（态度及其转变、行为与态度、人际知觉、自我知觉、心理控制、人际影响、人际吸引、人际合作与冲突、人际侵犯与暴力以及群体行为和领导行为等）和人际关系实践（人际关系在心理健康、学校教育、工作适应、工作效率等方面的应用）两部分组成。

人际关系心理学的研究始于 20 世纪 20 年代，主要是莱维特（H. S. Leavitt）等对人际关系行为模式的研究、纽科姆（T. H. Newcomb）等对人际关系结构的研究、梅奥（G. E. Mayo）等对人们工作积极性的研究。这些研究为人际关系心理学的诞生奠定了基础。根据这些研究成果，米德（G. H. Mead）提出了象征性交往理论，勒温（K. Lewin）提出了群体动力学理论，考夫曼（H. Kaufmann）提出了社会互动理论，舒茨（W. C. Schutz）提出了人际特质理论，马斯洛（A. H. Maslow）提出了需要层次理论，费斯廷格（L. Festinger）提出了认知失调理论，海德（F. Heider）和凯利（H. H. Kelley）提出了归因理论，弗罗姆（V. H. Vroom）提出了期望理论，亚当斯（J. S. Adams）提出了公平理论，以彼得罗夫斯基为首的苏联心理学家提出了人际关系层次理论、人际关系活动中介理论等。他们都为人际关系心理学理论体系的建立作出一定的贡献。目前，关于人际关系心理学研究的理论基础基本上集中在上述诸方面，并以不同的人性假设（经济人假设、社会人假设和复杂人假设）为前提条件，而不同的人性假设又影响了人们对人际关系的认识和理解。

诚如前述，由于人际关系心理学是从社会心理学脱胎而来的，因而社会心理学的大部分研究方法都适用于人际关系心理学的研究，包括观察法、实验法、测量法等。就测量法而言，目前应用最普遍的是莫雷诺（J. L. Moreno）的社会测量法、彼得罗夫斯基的参照测量法等。另外，由于该学科与其他社会科学、人文科学关系密切，尤其是与社会学、传播学和人类学等关系尤为密切，这些学科的一些研究方法也可以借鉴。无论如何，人际关系心理学的研究方法需要进一步发展和完善。

总之，任何人在社会生活中都会同别人发生关系，人际关系心理学就是社会生活中人与人相互作用的产物，所以，人际关系的心理方面实际上乃是人与人心理上的关系或心理上的距离，主要表现在认知、情感和行为三个方面。在这三个相互联系的心理因素中，情感因素是最重要的。人们彼此在情感上的满足与不满足、好感与恶感就成为评价人际关系心理方面的主要标志。人际关系心理状况对个体的心理生活、群体组织的气氛以及活动效率等具有重要意义。良好的人际关系不仅能增强群体的凝聚力，还能提高人们的工作效率和积极性。

二、人际关系心理学的学科性质

人际关系心理学研究对象的特殊性,决定了这门学科的特殊性。作为一门社会科学,它具有社会科学的一切属性。但我们应注意到,人际关系心理学不是一般的社会科学,而是重点研究人与人交往中形成的心理关系,属于社会科学中更为微观的方面。个体是社会的一个细胞,人们在学习、生活、工作中必然会和他人发生千丝万缕的心理联系,研究这些心理联系的性质、特点和规律,不仅可以直接为人们的现实生活和现实需要服务,而且可以进一步为社会科学的发展提供理论和实践的依据。作为一门应用科学,它是基础理论研究和社会生活实践相结合的产物。运用人际关系心理学的知识和原理解决人们在现实生活中面临的各种问题、困难,主要是把这些研究方法和成果运用到社会生活中去,用它来指导人与人关系的实践行动,进而提出建立和维护良好人际关系的原则、方法,使个体成为人际关系的"专家"。从这个意义上说,人际关系心理学是一门关于行为的学科。更为重要的是,人际关系心理学作为心理学的一个分支,是一门综合性、边缘性学科。它与哲学、美学、伦理学、社会学、人类学、传播学、教育学和行为科学有着密切联系。了解人际关系心理学的性质有助于人们加深对人际关系心理学的研究对象、研究内容及研究范围的了解和把握。

(一)人际关系心理学产生的背景和过程

人际关系心理学作为一门独立学科,是现代科学技术飞速发展、社会实践迫切召唤的结果,也是现代社会生活节奏加快、社会变化加剧对心理学提出的必然要求。一方面,许多社会问题、心理问题仅靠某门学科无法解决,需要多学科开展交叉研究,这便导致边缘性学科的产生;另一方面,目前的社会现实迫切需要运用心理学的知识、理论和方法解决现实问题,需要研究者重视应用研究,随着研究成果的不断增多,最终势必衍生出专门探讨人际关系的学科。将上述两方面的原因归结为一点,即社会历史发展对人际关系心理学的需要为其作为分支学科的形成提供了可能性，而这种可能性要转变为现实，尤其需要在学科形成和发展中满足社会生活的需要，成功解决人们面临的各种问题，在实践应用和理论研究中不断取得新成果并逐渐形成专门的概念、知识和理论，这些概念、知识和理论的系统化和专门化便宣告了人际关系心理学的诞生。这里，笔者特别强调的是应用研究，受过社会心理学专业训练的研究者深入现实生活，或亲自参与，或与实际工作者携手合作，这是人际关系心理学形成和发展的根本原因。

就人际关系心理学产生的过程而言，一般经历一个双循环的过程，即顺时针方向运动的内循环和逆时针方向运动的外循环有机组成的完整系统。在内循环阶段，首先针对社会需求提出有待解决的人际关系问题，选择适合问题情境的理论知识与方法技术，此时需借助母学科——社会心理学和其他学科的内容，然后形成一种综合的理论和方法去解决问题并用科学的研究成果进行解释。当现实生活再提出新的问题时，须进行一轮新的循环，如此反复。这样，人际关系心理学作为分支学科的概念体系渐趋完整。接着，便进入外循环阶段，其方向正好与内循环相反，它以现实生活中需要解决的人际问题为起点，先对这一特定的问题情境进行分析、评价，试图找出某些因素之间的关系及规律，然后进行归纳、概括，最后提高到理论高度并逐步形成特定的研究对象、专门的理论体系与方法。需要说明的是，在人际关系心理学形成过程中，内循环和外循环并不是相互分离的，有时两个过程交织在一起共同发挥作用，但其终极目标是一致的。

（二）人际关系心理学与相关学科的关系

1.人际关系心理学与心理学、社会心理学

众所周知，心理学是研究人的心理现象和心理活动规律的学科。心理学所讲的感知觉、记忆、注意、思维、情感和个性心理特征等，是人与人之间心理与行为的基础，也是一切心理学分支学科的源泉。在心理学各分支学科中，社会心理学与人际关系心理学的联系尤为密切。可以说，人际关系心理学是从社会心理学中脱胎而来的，两者有着直

接的血缘关系。如果把社会心理学比作一棵树的主干，那么人际关系心理学就是它的枝干之一。社会心理学是从社会与个体相互作用的观点出发，研究特定社会生活条件下个体心理活动发生发展及变化的规律，其中，研究人与人之间的心理关系是其主要研究领域之一。而人际关系心理学就是探索人与人相互作用方面的心理学规律，它反映了个体或群体寻求满足其社会需要的心理状态，并在个体的情感、愿望、兴趣、需要、评价以及行为动机和目的中表现出来。因此，建立和维护良好的人际关系，就是使个体的心理状态达到最佳，使个体与个体、个体与群体处于和谐状态。

可见，人际关系心理学与心理学、社会心理学是共性与个性的关系，它们既相互渗透、相互促进又相互制约、相互区别。这表现在人际关系心理学既是心理学、社会心理学的一个分支，是心理学、社会心理学顺应社会发展需要的必然产物，又是一个具有专门研究对象、理论和方法的独立学科，它不仅从心理学、社会心理学中汲取自身发展的营养，同样也从其他相关学科中获得养分，终极目标都是发展自己。它不仅研究影响人际关系的各种心理因素，而且把人际关系作为一种社会的、动态的客观存在加以考察。所以，心理学、社会心理学与人际关系心理学是相互交叉的，但不能相互代替。

2.人际关系心理学与社会学、行为科学

如前所述，人际关系心理学源于社会心理学，而社会心理学与社会学是孪生姐妹。社会学研究对象的主体是社会，它构成了社会关系，即人们在社会生活中结成的人与人关系的总和。人际关系作为现实的社会关系，是社会关系具体且微观的表现形式。一般来说，社会学研究人际关系，分析人际关系的状态，是为了探求人际关系的和谐与否对社会生活的影响、人际关系的状态是否有利于提高社会整合度，侧重的是人际关系的社会方面。换言之，社会学是从个体与群体的关系或从人们各自所处的阶级关系、群体关系中研究人与人之间的关系，具有非个性的特点。而人际关系心理学则是从个性角度，着重研究人与人在情绪基础上的心理关系。因此，这两门学科不可等而视之。同时，我们也应该注意到，社会学的社会互动（个人或团体之间的相互作用和影响）、社会整合

（个人与个人、群体之间的关系）、社会交往、社会角色和人的社会化等概念，经过改造，可以为人际关系心理学借鉴和使用。

就行为科学而言，其研究内容所包括的情绪行为、适应行为和沟通行为，与人际关系心理学的研究内容有着千丝万缕的联系，但两者的研究对象和研究目的是有根本区别的。行为科学的研究对象是人类行为，是人类内在行为与外在行为之间的关系，以及行为的原因、目标和本质；而人际关系心理学的研究对象是人与人之间的心理关系，是比行为更深层次的东西，是个体在交往活动中所表现出的行为的关联性和必然性规律。在研究目的上，行为科学对人类行为的研究目的是预见和控制行为，而人际关系心理学的研究目的是调节人与人之间的关系，建立和维护良好的人际关系。因此，行为科学的研究不能代替人际关系心理学的研究。

3.人际关系心理学与其他学科

人际关系心理学与其他学科，如哲学、美学、法学、伦理学、人类学、管理学、教育学、传播学也有一定的联系。哲学作为科学的世界观和方法论，对人际关系心理学的研究具有重要的指导意义，哲学中关于人的价值、本质、需要和交往等方面的观点是人际关系心理学研究的理论基础。美学中，人与现实的审美关系对人际关系心理学不无启迪，因为人与人之间的心理关系中包含着一种审美关系，如和谐的人际关系、亲密的人际关系能给个体以审美满足。建立和维护良好的人际关系就是建立和维护合乎道德的关系，人类在发展中积淀的风俗、习惯和文化属于人类学的范畴，同时也是人际交往中必须遵守的行为准则。人际沟通、人际影响需要运用管理学的某些方法，即对人际关系进行有效的管理。通过教育，特别是思想教育，对态度的转变、人际知觉和利他行为有着直接的帮助。传播学与人际关系心理学的关系，诚如著名的传播学家施拉姆（W. Schramm）在《传播学概论》一书中所指出的："研究传播学其实就是研究人，研究人与人，人与他的群体、组织和社会的关系，研究人怎样受影响……要懂得传播学，应先了解人与人怎样建立关系。"

此外，作为一门应用性很强的心理学分支学科，人际关系心理学与政治、经济、文化、教育等现实问题有着密切联系。社会现实问题是人际关系心理学得以产生和发展的根本。分析和解决社会现实问题，既是人际关系心理学义不容辞的任务，又是使其自身得以发展的基础和前提。

三、人际关系心理学的研究任务

人际关系心理学的研究任务包括理论和实践两个方面，这两者是紧密联系、相互促进的。

（一）人际关系心理学的理论任务

人际关系心理学作为一门独立学科，有其自身的理论任务。虽然，人际关系作为一种心理现象和社会现象有着悠久的历史，可以追溯到远古时代，但其作为一门独立学科，只有很短的历史。因此，人际关系心理学的理论任务就是要全面揭示与阐明人际关系发生发展的一般规律和机制，弄清楚个人与个人、个人与群体交互作用的方式，探讨社会知觉、自我知觉、心理控制、人际影响、人际吸引、人际冲突和群体行为等对人际关系的影响，建立人际关系心理学所独有的概念、术语和范畴体系，为进一步完善人际关系心理学的科学理论体系提供依据，为丰富和发展人际关系心理学的理论积累素材，这是一项长期而艰巨的工作。

人际关系心理学在我国是一门新学科，具有开创性，因此我们的研究任务是要使人际关系心理学尽快中国化，即适合中国国情，经过"选择—摄取—中国化"的途径，建立符合我国国情的、适合我国社会实际的人际关系心理学体系。这里有许多理论问题值得我们探讨，如中国人际关系的构成基础、中国人际关系的基本模式、中国人际关系冲突的方式和表现，以及中华传统文化对人际关系形成和发展的影响。

（二）人际关系心理学的实践任务

人际关系心理学作为一门应用性学科,其根本任务是促进和谐人际关系的建立和发展,将人际关系心理学的研究成果应用于人们认识世界、改造世界的实践活动中,为现实生活服务。具体来说,人际关系心理学的实践任务包括以下几个方面:

1.正确处理人际关系

在现实生活中,人际关系错综复杂,人与人在交往活动中不可避免会遇到矛盾、冲突,此时就需要按照正确的原则、方法进行恰当的处理,以保证个体心理健康,有效适应学习、生活和工作环境。

2.有效调整人际关系

这里涉及个体的素质和能力,特别是个体的人际交往与沟通能力。在面临人际冲突时,尤其是涉及利益冲突和心理冲突时,如何有效地加以调适,个体的素质和能力发挥着重要作用。

3.不断改善人际关系

在大多数情况下,个体面临的人际环境是稳定的,要形成彼此尊重、互相支持、团结融洽、互相协作的人际关系,就必须有意识地进行改善。领导要提高组织和管理水平,使个体面临的人际环境向健康的方向发展。

4.发展和谐人际关系

创设良好的人际环境,使个体生活在平等、民主、尊重、自由和宽松的氛围中,并在其中得到全面、和谐的发展,形成一种符合社会要求的和谐人际关系。

第二章　影响人际关系的主要因素

第一节　个体因素

个体因素,即关系主体的内在因素,指个体在人际交往中表现出来的人格心理特征、个体交往素质、人际认知等方面的因素。它对人际关系有着重--要的影响和制约作用。

一、人格心理特征

人格心理特征,也可以称为个性心理结构,是一个复杂的系统。它主要反映为个体的个性心理特征和个性倾向,如个体的价值心理、气质、性格、兴趣及能力等方面。人格心理特征对人际交往有着重要影响。

(一)价值心理

价值心理指个体对作用于自身的客观事物或对于其所参与的活动的价值,所进行的心理评估的一种稳定的个性倾向性。对个体而言,价值心理一旦形成,便对其态度和行为起着指导和调节作用。若自身行为违反了自己的价值心理,便会出现心理上的不平衡,产生负疚感和自责感。因此,正确的价值心理有利于人际关系的正常发展,而有问题的价值心理则会成为人际交往的障碍。

(二)气质

气质是一个心理学概念,是指人的神经活动的类型,表现在个体心理活动的强度、速度及灵活性方面典型的、稳定的心理特征。从常见的气质类型对人际关系的影响来看，多血质的人反应快而情绪多变，活泼开朗，善于与人交往；胆汁质的人精力旺盛，性格外向，也易与人交往。而其他两种气质类型，即黏液质、抑郁质的人，性格内向，喜欢安静和独处，不善与人交往。从心理学角度划分的人的气质类型，是无优劣、好坏之分的，每种气质类型有其优越性的同时，也有其缺憾，但具有其相对稳定性和可塑性的双重特征。

现代人对气质的理解，更侧重个体由内向外散发出的个性魅力。有一个现象可以充分说明个性魅力的影响。例如，一个演说家在发表演讲时能够激情澎湃，打动他的听众，然而一旦这些演说词被做成文字资料让读者阅读，就会大大丧失其感染力。这说明演说家征服人心的力量与他的个性及气质魅力有重要关系。不可否认，我们会有意无意地被拥有这种个性魅力的人所影响。在当今社会的人际交往中，交际者良好的气质无疑能为自身增添魅力，促使人际交往顺利进行。

（三）性格

性格是指通过比较稳固地对现实的态度和与之相适应的习惯化了的行为方式所表现出来的心理特征。应当说，性格是个体在后天适应和改造社会环境的过程中逐步形成并发展起来的。在现实生活中，性格内向的人难以与他人和谐相处；情趣不同的人在一起会出现"话不投机半句多"的情况；有着积极心态的人和有着消极心态的人对同一事物的看法可能完全不同，例如，关在同一牢房中的两名囚犯，他们晚上从同一扇窗户往外看，一个看到满天的繁星，感叹世界真美；另一个却看到漆黑一片，认为自己的前途一片黑暗。

（四）兴趣

兴趣是反映个体行为指向特征的个性心理指标。一般而言，个体之间在兴趣上存在着广泛与狭窄、持久与暂时的差异。若一个人对什么都不感兴趣，自然不易与人亲近，也不易与人产生共鸣，进而会阻碍人际交往的进行，所以，需要重视兴趣的培养。

（五）能力

能力指直接影响活动效果，使活动得以顺利完成的个体心理特征。就个体的能力而言，可以分为一般能力和特殊能力。一般能力指注意力、观察力、思考力、想象力、表达力、记忆力等。特殊能力则指专业方面的能力，如绘画能力、写作能力、数学能力等。通常，特殊能力是几种一般能力的有机结合而在某一方面的突出表现。这里需要特别提到的是，人们从实践活动中锻炼出来的社交能力，可谓是一种特殊能力，它对良好人际关系的建立发挥着重要作用。

二、个体交往素质

个体交往素质主要包括个体的仪表形象、文化素养、道德品质、交往技能等因素。我们不可忽视这些因素对人际交往的影响。

（一）仪表形象

仪表指人的外表，包括人的仪容、表情、姿态、服饰等具体构成因素。在人际交往中，仪表的作用不可忽视，它在很大程度上影响着人际交往的效果。仪表在人际交往的最初阶段，最能吸引对方的注意，人们常说的"第一印象"，其产生多来自个体的仪表。显然，在人际交往中，良好的仪表不仅能美化自身形象，同时也能体现出对他人的尊敬。心理学研究表明，在初次相识之后，人们愿意继续往来的因素中，仪表所占的比例高达87%。不难看出，仪表虽然是人的外表，但也是一种无声的语言，在一定程度上反映出一个人的修养。

（二）文化素养

文化素养主要表现为个体的价值观念、知识水准、审美趣味、礼仪修养，它是影响人际关系的重要因素。

1.价值观念

价值观念是指个体对人生意义和作用、衡量人生价值标准以及如何实现人生价值等问题的观点及看法。个体的价值观念及处世态度会在很大程度上影响他/她的人际交往态度和方式。当然，个体的价值观念会受到自身人格的影响。一般来说，具有理性价值观念的人，偏重对理想信念的追求，他们在处理人际关系时，强调的是理想信念的一致性，更注重大局利益。因而，价值观念会直接影响个体的行为，以致影响其人际关系。

2.知识水准

知识水准是指个体所拥有的文化知识达到的程度及水平。在人际交往中，个体的知识水平对交际效果的影响不容忽视，拥有一定的知识积淀可使个体具有良好的语言表达能力。交际主要是通过言语进行的，个体文化修养的深浅直接影响他/她对话语意义的理解。比如，言语交际中时常出现的"对牛弹琴"，就会导致交往对象的不理解或误解，造成交际失败。因此，要想建立良好的人际关系，个体需要不断提高知识修养，以提升自我形象、美化个人气质。古人说："腹有诗书气自华"，我们应以此增添人格魅力，促使自身在人际交往中获得成功。

3.审美趣味

审美趣味是指个体对美的事物的感知力和鉴赏力。这一因素也会影响人际交往的进行。如果个体具有较高的审美趣味，懂得欣赏艺术，有生活情调，在人际交往中则易于理解对方，由此可推动人际关系朝着良好的方向发展。

4.礼仪修养

礼仪修养是指个体在人际交往中表现出的良好行为规范。古人云："人无礼则不生，事无礼则不成，国家无礼则不宁。"当今的社会现实也表明，良好的礼仪修养能令交际者在交际场合表现得自如从容、举止大方、谈吐文明、仪态优雅。交际者以彬彬有礼的姿态表现出对对方的尊重，以此获得对方的信赖，从而建立良好的人际关系。

（三）道德品质

人类的文化特征和价值取向决定了人类的交往活动及人际关系是被赋予道德属性的。应该明确，个体的道德活动从本质上说是与他人发生关系的人际行为，道德的目的也在于维护人际行为秩序，保障社会存在的发展。当然，不可忽略人性有道德需求，一方面，是人自我肯定、自我发展、自我完善的需要；另一方面，是协调人际关系、维护社会秩序的需要。这两方面的需要使人无时无刻不与他人发生联系并对其行为作出道德选择。在具体的人际交往情境中，人们对任何符合一定道德准则的行为给予肯定和赞许；而对任何违背道德准则的行为予以否定并谴责。主体良好的道德品质会引导和推动交往关系的正常发展；反之，如果主体缺乏正当的道德品质，就会造成与他人交往的障碍。

做一个有品德修养的人，不仅是对他人、对社会的尊重，而且对自己的尊重。古人就有"君子忧道不忧贫""君子不患位之不尊，而患德之不崇"的思想。当今社会也是如此，一个品德修养差的人，是很难有知心朋友的。人们愿意同那些有良好品德修养的人相处，因为同他们相处会有如沐春风的感受。

（四）交往技能

个体对交往技能的掌握和运用是有差异的。交往技能主要体现为交际者是否能成功地进行人际交往的能力。其实，与人交往的过程是一个不断遇到问题又不断解决问题的过程，因而，善于运用交往技能的人，能够有效消除人际交往中的障碍而妥善处理人际关系。

三、人际认知

人际认知是指个体通过人际交往，根据认知对象的外在特征，推测与判断其内在属性的过程，或者说在个体与他人交往过程中，观察、了解他人并形成判断的一种心理活动。人际交往与人际认知有着密切联系，任何人际交往都包含认知因素并建立在认知的基础上。在日常人际交往中，唯有主体的主观认知与客观实际相符，才能根据不同的对象采取相应的交往方式，促使人际交往顺利进行。以下从人际认知效应、人际认知偏差、人际认知的"双向性"过程几个方面进行说明。

（一）人际认知效应

1.首因效应

首因效应，即第一印象，指的是人们在第一次交往中对他人形成的印象最深刻，难以改变，往往影响以后的交往。人们在交往中，往往比较重视最先得到的信息，据此对别人进行判断，形成最初的印象，而在最初的印象形成之后，对后面的信息就不太重视。

首因效应使认知者得到第一个关于认知对象的感知和意象，甚至是概念，因此，每当再次与认知对象接触时，原先的意象和概念就会产生"筛选作用"，即新信息中与原先印象相符合的信息被接受，而另外一些信息就被不自觉忽视。在日常生活中，与他人接触时，都会产生首因效应。如果首因效应是和谐的，那么这种和谐就会产生惯性，至少会维持一段时间；否则，双方就会无话可谈。

2.近因效应

近因效应是指在人际交往中，最近的印象对人的认知产生的影响。换言之，在交往主体的印象形成和态度改变中，新近得到的信息比既往得到的信息对交际对象整个印象和态度会产生更强的影响。在日常生活中，教师对学生的鉴定、领导对下属的评价、下级对上级的印象等人际认知都与近因效应密切相关。

3.晕轮效应

晕轮效应是指在人际交往中,人们常以对某人某一特性的认知推及尚未认知的其他特征上。晕轮效应,又称为成见效应、光圈效应、日晕效应,是在人际知觉中所形成的以偏概全的主观印象。晕轮效应所揭示的人际认知泛化、扩张和定势普遍体现在人际交往中。此外,晕轮效应还充分体现在对历史人物的评价中。晕轮效应多有认知偏差,但由于它符合人们的认知规律,因此人们表现得宁愿让自己认知结果有偏差,也予以保留由此所得的认知结果。显而易见,作为被认知者就要遵循这条规律,做到有效控制传达给对方的信息,避免对方对自己产生不良印象的晕轮效应。

4.刻板效应

刻板效应是指在人际交往中,对某人或某一类人进行简单概括归类,形成比较固定的印象或看法。刻板效应常常表现为因认知对象的国籍不同而形成的刻板印象,因职业、年龄不同而形成的刻板印象,因性别不同而形成的刻板印象。刻板效应是认知者通过归类、概括而产生的人际认知,它既是人际认知的重要捷径,也是造成人际认知偏差的主要原因。一般情况下,人的个性具有稳定性,正所谓"江山易改,本性难移",好的品质如此,不良的品质也是这样。因此,这些被认知对象的品质就类似于物理性质与化学性质,为他人认知自己提供了重要捷径。例如,无数的革命烈士对共产主义信念至死不渝,很多人一辈子都拥有同学之间、师生之间、同事之间、朋友之间的深情友谊,这些都是刻板效应的体现。但应意识到,如果刻板效应是建立在一种不正确的意象及概念之上的,那么所得到的认知结果便会导致人际认知出现偏差。

(二)人际认知偏差

所谓人际认知偏差,是指由于认知方法不正确而引起错误的一种人际认知现象。在现实生活中,有人会受到他人的喜欢和仰慕,有人却被周围的人厌恶和疏远,造成这种人际关系相容或相斥的原因,除以上分析的因素之外,还有一个不容忽略的因素,便是认知偏差，它通常具有以下表现：

1.第一印象偏差

第一印象对人际认知具有重要影响。通常，在初次见面时，交际者易将对方的仪表风度、谈吐举止当作主要的感性认识，便据此片面地形成一种意向与概念，得到"第一印象"，这便是现实生活中"以貌取人"的现象。可见，第一印象是受对方外在因素所制约、建立在大量感性认识上的一种直觉。虽然个体外在的形象比内在的智力、性格、态度等更容易引起对方关注，但它毕竟是不全面的，因而第一印象容易造成人际认知偏差，需要予以正确的认识。

2.单向思维偏差

出现这种偏差，是认知者习惯以单向思维判断交往对象的结果。例如，对方被认为是好的，人们就很难发现其不好的一面；反之，对方被认为是不好的，人们也就很难相信其有好的表现。事实上，一个人的行为并不总是一致的。例如，学习成绩优秀的学生可能也会违反学校纪律，学习成绩较差的学生可能是一个乐于助人的人。可见，单向思维易导致人际认知出现偏差。在人际交往中，个体只有用多向思维考察交往对象，才能获得正确的人际认知。

3.综合品质偏差

综合品质偏差是人际交往中经常出现的一种认知偏差，即在综合他人品质时，将他人积极的一面加以弱化，而将他人消极的一面加以夸大。这反映为现实中个体好的品质不容易引起人们注意，而个体的不良品质较容易引起人们注意。例如，当一个人做一件好事后，常常会被旁人所质疑；若是做一件坏事，更是会被旁人怀疑他/她将继续做坏事。需要注意的是，综合品质偏差是人际交往过程中最容易犯并且最危害人际关系的认知错误，应有正确的克服方法。

4.主观尺度偏差

主观尺度是指由认知者自身个性决定的评价系统。人的个性是一个复杂的心理结构，人与人之间存在着诸多差异，如性格、气质、能力上的差异，这些差异会导致个体在认知上形成不同的主观尺度。就认知个体来说，其主观尺度不是一成不变的，有时也会自相矛盾。因此，在人际交往中，应警惕这种认知偏差，在对交往对象的认知上，我们不能认为对方符合自己的主观尺度，就盲目认同，表现出肯定的态度；反之，则表现出否定、排斥的态度。

5.个体归因偏差

归因是指人们从可能导致行为发生的各种因素中认定行为的原因并判断其性质的过程，或者说，归因是指人们通过对自己或他人的行为进行分析寻找原因的一种心理活动。常见的归因偏差主要表现为以下两个方面：一是将成功归因于个体内在的因素，如个人的能力、个人的奋斗、个人的品格、个人的素质、个人的智慧、个人的态度以及个人的性格等；二是将失败归因于客观外在的因素，如环境恶劣、条件太差、机遇不好、外界干扰、他人不配合等。

在人际交往中，双方认知差异较小，有利于关系的良性发展，但从认知差异的形成来看，其认知上的差异主要是由双方认知的失调所引起，如交往双方在信息交流中看问题的角度不同，各有自己的思维定式，对同一问题就可能产生不同解释。同时，个体情绪的差异也对信息的传递具有影响，交往双方如果处在激情状态下或心境不佳时，就难以与对方沟通意见，甚至会产生对立情绪，歪曲对方信息的意义。因此，认知程度会直接影响彼此关系的状态。为促进人际交往的顺利进行，交往双方不仅要努力克服自身认知上的偏差，还要尽可能缩小双方在认知方面出现的差异。

（三）人际认知的"双向性"过程

人际认知实质上是一个认知者对认知对象形成"感觉、知觉、意象、概念"的过程。但是，人际认知的双方都是具有主观能动性的人，与对其他事物的认知有所不同。人际认知是一个双方信息"双向交流"的过程，因而，人际认知过程具有多变量性、不一致性、互映性和制约性的特点。

1.多变量性

所谓人际认知的多变量性，是指认知双方都是多变量体，这些变量都影响认知的现象。人际认知过程中，双方的需要、动机、情感、态度、性格、能力、品质、社会关系、环境因素等都影响着各个认知环节，因而，认知双方的内心世界就处于一个多变量的动态过程中，相互形成的人际感觉、人际知觉、人际表象和概念也就随之变化。例如，一个性格外向的人在帮助他人时，表现为热情、积极；而一个性格内向的人，则更多表现为暗中相助。又如，当一个人高兴的时候，具有较大的心理相容性，而遇到挫折时，则会迁怒于他人。

2.不一致性

所谓人际认知的不一致性，是指认知双方的内心认知状态都存在一定程度的自我矛盾现象。对被认知者来说，不一致性表现为外在表现与内在想法之间具有不对应性；对认知者来说，则表现为自我认知总是处于不稳定状态。

3.互映性

人际认知的互映性是指认知双方的相互认知往往有相似之处。你对别人持有的认知，往往也就是别人对你的认知。"你敬人一尺，人敬你一丈""你对他人笑，他人也对你笑"说的就是这个道理。

4.制约性

人际认知的制约性是指人际认知过程中存在很多制约，这种制约性主要体现为认知条件的限制。

随着科学技术的发展，许多学者对认知结构等问题的研究越来越重视。当今时代，认知心理学利用计算机技术模拟认知结构，使此项研究向纵深发展。

第二节　社会因素

人际交往是在社会实践中进行的，因而关系主体除受自身主观因素的影响外，还会受到社会背景、文化观念、社会角色、社会资源、社会群体等社会因素的影响。

一、社会背景

（一）社会制度

社会制度是指在一定历史条件下形成的社会关系和与此相联系的社会活动的规范体系。社会制度是发展变化着的，由此也影响人际关系的变化和发展。就宏观而言，人际关系的每一种历史形态的演变无不与社会制度联系在一起。就微观而言，人际交往的范围在不同时期以及不同地区会发生不同变化。例如，在较为开放的社会制度里，人际关系的范围容易扩大；反之，在较为封闭的社会制度里，人际交往的范围较小。

（二）社会道德

社会道德是指由社会舆论力量和个人内在信念系统驱使支持的行为规范的总和。可以这么说，人际交往就是社会交往，它不可以混乱无序，必须纳入一定的规范中，进行必要的控制、约束和调节。道德正是调节规范的手段，因此，道德还可以解释为它是一种社会现象，是调整人们相互关系的各种行为规范和准则。社会道德主要是依靠社会舆论、传统习惯和人们的内心信念来维持的，并用善与恶、公与私、诚实与虚伪、正义与非正义等范畴来评价并影响人们的心理、意识、情感和意向的调节方式，所以，它的影响是非强制性的。

正因为社会道德的影响，人们便依据道德规范来辨别是非、善恶、美丑，并以道德规范来指导或调节自身行为。现实社会，人们遵守道德规范，就会受到舆论的认同并感到心安理得，否则就会受到舆论的谴责并感到内疚。显然，人际交往中的关系主体诚实守信、平等互助、助人为乐，能够营造温馨的人际氛围，促进社会文明的进步；反之，不讲道德、损人利己、虚伪欺骗等，则会破坏人际关系，败坏社会风尚。因此，社会生活的正常秩序和人类文明的发展，客观上要求有一定的道德规范来调整各种人际关系。

（三）相关法律

法律的本质是规范人的行为，自然也规范着人际关系。法律的影响是指通过国家强制力量的支持来调节人们法定的权利和义务关系。人们在法律范围内开展人际交往活动、建立和发展人际关系，便会受到法律保护。从法律对人际关系的影响来看，若法律健全且实施到位，就会促进人际关系正常发展；反之，若法律不健全或实施不到位，就会阻碍人际关系正常发展。

（四）社会习俗

社会习俗主要指一定社会中人们的生活方式以及待人接物的风俗习惯对交往双方的影响。不同的国家、不同的民族在人际交往上有着明显差异，正所谓"十里不同风，百里不同俗"。例如，见面礼便可以分为许多种：欧美国家行拥抱礼和握手礼，日本等国家行鞠躬礼，东南亚一些国家行合十礼，还有的国家行抬手礼、脱帽礼等。此外，不同国家的人在交往风格上也有显著不同，如美国人乐于与人交往，而且不拘礼节，与人沟通坦率直言；中国人在人际交往中习惯谦虚、含蓄。因此，社会习俗的差异也会给人际交往带来一定的影响。

二、文化观念

文化观念体现人对社会行为的评价态度，突出地表现为不同文化背景的人对社会的认知态度。首先，交际主要是通过言语进行的，个体文化修养的深浅、受教育程度的高低，既影响着他/她对话语意义的理解，同时也制约着他/她对言语材料的选择与组合。其次，如何区别好和坏，正确和错误，真、善、美和假、恶、丑，具有不同文化观念的人，其看法也不尽相同。

三、社会角色

每个人在现实的人际交往中，都会受到自身所扮演的社会角色的影响，其社会角色主要由社会地位和职业身份构成。

（一）社会地位

从政治学和法律学的角度来说，社会地位是指由法律规定和公众认可的具有一定特权和专利的社会等级。关系主体所处的社会地位不同会造成人际交往的障碍。社会地位对人际关系的影响主要表现在以下三个方面：一是社会地位影响人们的交往对象和人际关系状况；二是社会地位影响人们的交往热情和交往需要；三是社会地位影响人们的交往动机和交往心理。在人际交往中，通常身居高位的人容易盛气凌人，使下属不得不敬而远之，以致妨碍了上下级之间的正常沟通。针对这种情况，可以采取经常对话的方法，以消除上下级之间的沟通障碍。此外，社会角色的不同也会影响家庭成员的交往，如父母不以平等的态度对待子女，令子女与父母产生隔阂，导致家庭中人际关系出现不和谐因素。从交际主体的年龄角度来看，年龄的差异会导致长辈与晚辈之间沟通困难，产生"代沟"。

（二）职业身份

职业身份是指关系主体所从事工作的类别，即做什么工作和担任什么职务。在社会交往中，个体的职业身份对人际关系起着一定的制约作用。交际主体从事的职业不同，就会有不同的人际交往对象。例如，教师的主要交往对象是学生，服务人员的主要交往对象是顾客等。就交际者不同的职业身份来看，它能满足不同交际对象的需要。例如，商业工作者能满足人们购物的需要，修理家电的技师能满足人们修理家电的需要，等等。因此，从事满足人们需要越多职业的人，越容易建立广泛的人际关系；从事满足人们需要程度越高职业的人越容易建立较亲密的人际关系。

四、社会资源

若交往主体的社会交往范围较大，拥有较丰富的社会资源，自然在人际交往中感到轻松自如，这种状态也必然有利于个体人际关系的发展；反之，若交往主体的交往面狭窄，社会资源较匮乏，便会对个体人际关系造成一定的威胁。

五、社会群体

社会群体是指以一定方式的社会共同活动为基础结合起来的集合体。社会群体的特点：第一，同属于一个群体的各成员在心理上意识到对方，具有相互认知与同属于一个群体的感受；第二，同属于一个群体的各成员在行为上相互依赖、相互作用，彼此影响，并且具有互补性；第三，同属于一个群体的各成员有着共同的目标；第四，同属于一个群体的各成员共同遵守该群体的行为规范。可以推断，人际关系的形成需要一定的环境，社会群体则为其成员提供了人际交往的舞台，使交往主体能够在群体中表露自己的内心世界，从而成为周围人们知觉和作用的对象，进而确认自身的存在，表现和实现自我，并由此获得自身的个体性。不可否认，人的一生，其交往是广泛的，但与群体内成员的交往是最持久和最重要的。社会群体对人际关系的影响具有以下特点：

（一）相似性

由于一个社会群体有共同的活动目标，这有利于培养群体内成员的合作精神，可以增进彼此了解、增强彼此信任。因此，交往主体长期在一个群体中生活、学习或工作，易受群体影响，与群体中的其他成员在态度、信念、爱好上日趋一致，使其人际关系变得融洽。

（二）接近性

作为社会群体中的成员，由于共同开展一切活动，促使其相互接纳、认同，彼此间的心理距离越来越近。个人与个人、个人与群体间的依恋感越来越强、心理安全感也越来越强。可见，社会群体内成员的相互依赖使其不断接近，这有利于构建和谐的人际关系。

（三）压力性

所谓压力性，是指当个体在群体中与多数成员的意见有分歧时，在心理上会感到一种压力。来自社会群体的舆论、风气和规范等，都能形成一股催人行动的心理压力，而群体压力容易使群体内的成员形成从众心理。

群体压力和从众心理对群体内成员的人际交往具有积极和消极两个方面的作用。其积极作用：使群体内成员的价值观、信仰、行为、兴趣、爱好逐步趋于一致，使人们有更多的交往理由，为人们和谐相处拉近了心理距离。其消极作用：使群体内成员的创造性受到遏制，不利于对群体外的人形成吸引。因此，同属于一个群体的成员应有共同遵守的行为规范，这不仅有利于群体内成员构建和谐的人际关系，也有利于群体内成员与其他群体成员建立良好的人际关系。

第三节　其他因素

一、自然环境

自然环境对人际关系的影响可以从宏观和微观两个方面展开分析。

（一）从人类发展的宏观角度来看

在人类社会早期，人们为了求得生存，应对大自然的灾害，已经意识到与他人交往的重要性。可以这么说，在原始社会时期，自然环境是促使人际吸引最主要的情景因素，并且在人类发展的历史进程中，自然环境对人际关系有着重要影响，如每当大自然的威胁降临时，人际关系的亲密性就会凸显出来，而在未遇到大自然的威胁时，人际关系则往往出现分歧、冲突、仇恨和争斗的情形。

（二）从现实的微观角度来看

自然环境的优劣直接影响人际关系的状态。一般而言，优美的自然环境能使人心情愉悦，促使人际交往顺利进行。例如，在现实生活中，情侣往往选择在花前月下谈情说爱，交往双方愉悦的审美感受会部分移情于交往对象，从而增强交往对象彼此的吸引力。可见，善于交往的人会选择适宜的环境以达到交往的目的。总的来说，优美的自然环境可以强化人际交往过程中交往双方的积极情绪，促进交往顺利进行，增进彼此联系。

二、时空环境

大量研究表明，个体由于受生命周期和生物节律的影响，在不同的时间和空间条件下，其心理状态具有明显差异，对信息的敏感程度和注意力的强弱也会有所变化，因此，不可忽视时空因素在人际交往中产生的影响。

（一）时间因素对人际关系的影响

时间因素对人际关系的影响主要体现为交往个体对时间的反应,即时间观念以及对时间的把握。

1.时间观念对人际关系的影响

在人际交往中,双方的时间观念会对人际交往是否能保持产生一定的制约作用。有一位男青年,他有许多优点,但有一个坏习惯——不守时,多次与朋友约好时间,却不能如期而至,朋友对他很反感,认为他每次都浪费别人那么多时间,是一种不可饶恕的行为,而渐渐与他疏远关系。现代社会,人们的时间意识越来越强。因此,我们切不可忽视时间观念对人际关系的重要影响。

2.时间把握对人际关系的影响

在人际交往中,对时间的掌控也影响人际关系的发展。例如,人们在现实生活中会经常遇到接受对方邀请参加一个正式活动的情况,按照交往的一般规则,受邀者应该早些到达目的地,这样会令对方产生信任感,有利于关系的良好发展;反之,则会被对方视为不礼貌,进而影响双方继续交往。再如,通过电话与人交往需要懂得时间禁令,与一般的交往对象通电话,不宜在早上七点以前、就餐时间或晚上十点半以后进行,并且交谈时间应控制在三至五分钟,否则,会因失礼而使双方关系的发展受到影响。

（二）空间距离对人际关系的影响

空间距离与人际关系是有着密切联系的,具体可从以下几个方面进行探讨:

1.不同的空间距离反映不同的人际关系

社会心理学认为,个体之间在进行交往时所保持的心理距离,受到个体之间由于相容关系不同而产生的情感距离的影响。有学者认为,人际距离可以分为四种,即亲密距离、个人距离、社会距离、公众距离,这四种距离所指的对象如下:亲密距离——父母与子女之间、情人或恋人之间;个人距离——朋友之间、同学之间;社会距离——上下级之间、师生之间、顾客与营业员之间等；公众距离——正式交往的个体之间或陌生人之间。不同的空间距离代表不同的人际关系。通常，社会交往中还存在人与人之间要求的空间距离，因其不同的文化背景、不同的社会关系、不同的性格等大相径庭。例如，性格外向的人比性格内向的人在人际交往中的距离近一些；女人之间比男人之间的距离近一些；熟人之间比生人之间的距离近一些。

2.空间距离远近的不同对人际关系的影响

一般而言，人们生活的空间距离越小，交往双方就越容易接近，彼此之间就越容易相互吸引；反之，交往的可能性就减少。空间距离的接近为人们了解交往对象提供了更多的交往机会。人际关系原理中有一种强迫性吸引观点，是说在诸多因素中，不排除距离的因素有可能使人不由自主地被某人吸引或对某人产生好感。由于空间限制，交往者缺少更多的选择机会或者根本没有较多可供接近的人，这时他们通过互相了解并有可能在此基础上产生友谊。倘若有更广阔的与人交往的空间，也许两人并不会认识，更谈不上成为朋友。应当肯定，近距离接触会产生人际强迫性吸引现象。

第三章　人际交往

第一节　人际交往的发展

一、人际交往发展的状态

人与人之间从相互不认识到慢慢认识，逐步建立稳定的关系，需要经历一个动态发展的过程。人际关系的不同状态显示了人与人之间情感的卷入和相互之间心理共同领域的变化和发展。每个人都有其独特的与人交往的方式，但也都遵循着人际关系状态由浅入深、由表及里、由较少的共同领域发展到较大范围共同领域的情感交流，直至建立稳定的情感联系的过程。

茫茫人海中，人与人之间从无关到关系密切，要经过一系列的变化过程，这个过程包括六种状态，分别是零接触、注意阶段、表面接触、轻度卷入、中度卷入和深度卷入。

（一）零接触

零接触是指双方没有意识到对方存在，二者完全无关，没有任何个人意义上的情感联系。在这个世界上，虽有你我的存在，但你不认识我，我也不认识你，我们没有任何交集，这就是零接触。

（二）注意阶段

注意阶段是指单向注意或双向注意到对方，这时人与人之间的相互作用已经开始，相互之间获得了初步印象，不过彼此还处于旁观者的立场，没有相互的感情卷入。在某个时间和空间里，你我相遇，你注意到我，抑或我注意到你，抑或我们彼此注意，这就是注意阶段。

（三）表面接触

表面接触是指双方从直接谈话起，彼此有了接触，不过这种接触是表面的，几乎没有情感卷入，是双方感情关系发展的起始点。你我相遇，相互之间打招呼、问候都属于表面接触。

（四）轻度卷入

轻度卷入是指有较小的共同心理领域，双方的心理世界只有小部分重合，在仅有的这一范围内，双方的情感是融洽的。随着交往增多，双方有了一些共同话题，不过，双方的交流仍然是正式的，交谈的话题也较少涉及个人隐私，更多的是关于自己的兴趣爱好、对某些时事的看法，双方在对方身上寻找到一些相似之处，促进了双方情感在某些范围内的融合，这就是轻度卷入状态。

（五）中度卷入

中度卷入是指有较大的共同心理领域，双方的心理世界有较多重合，彼此的情感融洽范围也相应增大。随着交往的进一步加强，双方共同话题增多，突破了正式交往的限制，双方的交往不再显得正式和拘束，而是表现得自然、放松。交谈的话题也较多涉及个人隐私，双方的情感在更大范围内显得融洽，这就是中度卷入状态。

（六）深度卷入

深度卷入是指双方共同的心理领域大于相异的心理领域，彼此的心理世界高度重合，情感融洽范围覆盖了大多数的生活内容。不过，在通常情况下，人们只同极少数人能够达到这种人际关系状态，有些人则从来没有与任何人达到这种人际关系状态，还有人终其一生与他人的关系都只处于比较浅的水平。

人际关系的发展水平是随着相互作用的水平由低到高不断发展的，在这个发展过程中，双方共同的心理领域不断拓展，双方情感的联系不断增强。无论两个人的关系多么密切、情感多么融洽，都不存在交往双方心理世界完全重合的情况。

二、人际交往发展的阶段

一般来说，良好人际关系的建立和发展，从交往由浅入深的角度来看，需要经过定向、情感探索、情感交流和稳定交往四个阶段。

（一）定向阶段

人们在与他人交往的过程中，有时虽然向他人开放了自我信息，也形成了对他人的印象，但由于主观原因，并没有再与他人继续发展这种关系。也就是说，除客观因素外，不是所有与我们有接触的人都会成为我们固定的交往对象。从另一个侧面来说，我们对交往对象是有选择的。

定向阶段包含对交往对象的注意、抉择和初步沟通多方面的心理活动。在我们周围的人群中，我们并不是同任何一个人都建立良好的人际关系，而是对交往对象有着较高要求。通常情况下，只有那些能激起我们兴趣的人才会引起我们的特别注意。在群体活动中，那些人会成为我们人际交往的注意中心。

注意也是选择，它本身反映着某种需要倾向。例如，我们在选择恋人时，某些与我们观念中理想的恋人形象相接近的那些异性会吸引我们的注意。一场舞会下来，我们会对舞场中的许多人视而不见，只把注意力高度集中在一个或几个人身上。注意受到对方突出的身体特征和自己需要、兴趣的影响。

与注意不同，抉择是理性的决策，而注意的选择是自发的、非理性的。我们选择谁作为交往对象并与其保持良好的人际关系，往往要经过自觉的选择过程。只有那些在我们价值观念上有重要意义的人，我们才会将其选作交往对象。如果一个女孩子长得很漂亮，就可以引起我们对她的高度注意，这种注意完全是自发的。但是，我们是否会选择她作为交往对象，还要取决于她的其他方面。

初步沟通是我们在选定交往对象之后，试图与这一交往对象建立某种联系的实际行动。如果我们是社交主动型的人，就会主动与选定的交往对象打招呼并与之攀谈。在初步沟通的过程中，谈话内容只会涉及自己最浅显的方面。初步沟通的目的，是对别人有一个初步的了解，以便知道是否可以与对方有更进一步的交往，从而使彼此之间人际关系的发展获得一个明确的定向。由于初步沟通实际上是试图建立更深刻关系的尝试，因此尽管我们所暴露的有关自我的信息是最浅显的，但我们都希望在初步沟通的过程中给对方留下良好的第一印象，以便给以后关系的发展一个积极的定向。

人际关系的定向阶段，其时间跨度因不同情况而有所不同。相见恨晚的人，定向阶段会在第一次见面时很快完成。而对于那些有机会经常接触而彼此又都有较强自我防卫倾向的人，这一阶段要经过长时间的沟通才能完成。

（二）情感探索阶段

这一阶段的目的，是探索双方彼此在哪些方面可以建立真实的情感联系，而不是仅仅停留在一般的交往模式上。在这一阶段，随着双方共同情感领域的发现，双方的沟通也会越来越深入，自我暴露的深度与广度也逐渐增加。但在这一阶段，人们的话题仍避免触及别人的私密领域，自我暴露也不涉及自己根本的方面。尽管在这一阶段人们在双方关系上已开始有一定程度的情感卷入，但双方的交往模式仍与定向阶段类似，具有很强的正式交往特征，彼此都仍注意自己表现的规范性。

（三）情感交流阶段

人际关系发展到情感交流阶段，双方关系的性质开始出现实质性变化。此时，双方在人际关系上的信任感、安全感已经建立，因而谈话也开始广泛涉及自我的许多方面并有较深的情感卷入。如果关系在这一阶段破裂，将会给人带来相当大的心理压力。在这一阶段，双方的表现已经超出正式交往的范围，正式交往模式的压力已经趋于消失。此时，人们会提供真实的、评价性的反馈信息，彼此也会有真诚的赞赏和批评。

（四）稳定交往阶段

在这一阶段，人们心理上的相容性会进一步增加，自我暴露也更为广泛和深刻。此时，人们已经允许对方进入自己高度私密性的个人领域，分享自己的生活空间和财产。但在实际生活中，很少有人能达到这一情感层次的友谊关系，许多人同别人的关系并没有在第三阶段的基础上进一步发展，而是仅仅在第三阶段的同一水平上简单重复。

第二节　人际交往的原则和艺术

一、人际交往的原则

每个人都希望在与人交往中，收获信任、尊重、理解等，因此，在与人交往中，大家不约而同地遵守一些原则，这些原则可以帮助我们建立并维持自己期望的人际关系。

（一）真诚原则

苏格拉底曾说："不要靠馈赠来获得一个朋友，你须贡献你诚挚的爱，学习怎样用正当的方法来赢得一个人的心。"可见，人与人的交往贵在真诚。真诚是指真心实意、坦诚相待，以从心底感动他人而最终获得他人信任。

有人说，生活是一面镜子，你对它笑，它就对你笑，你对它哭，它就对你哭，真诚待人同样如此。在与人相处中，你真诚待人，他人也会真诚待你；反之，如果你对他人不真诚，他人也会对你不真诚。真诚待人是人际交往得以延续和发展的重要保证。人与人之间以诚相待，才能相互理解、接纳、信任。通过真诚交往，彼此可以加深了解，每个人都可以对对方的行为作出正确的估计，这就形成了心理上的安全感和信任。这种心理上的安全感和信任又会增加彼此之间的交流和互动，从而更好地促进双方人际关系的加深。

真诚很重要，然而在社交场合也要注意以下误区：一种是在社交场合，一味地倾吐自己的心声，甚至不管对象为何人；另一种是不管对方是否接受，凡是自己不赞同的或不喜欢的就一味抵制、排斥，甚至攻击。在社交场合中，陷入这样的误区是糟糕的。因此，在社交中必须注意真诚的一些具体表现，当你诉说心声时，有必要确认对方是否是值得自己倾吐肺腑之言的知音，如果对方压根儿不喜欢倾听你真诚的心声，那么这种人际交往就是徒劳的。另外，如果你不赞同对方的观点，也不必针锋相对地批评对方，更不能嘲笑或攻击对方，你可以适度地有所表示或干脆避开此问题。有人认为这是虚伪，其实并不是，这是给人留有余地，是尊重他人的表现。

（二）平等、尊重原则

每个人的内部或外部条件虽然存在各种差异，但在人格上是绝对平等的。每个人都渴望获得他人的尊重，在马斯洛（A. H. Maslow）的需要层次理论中，尊重的需要是人的一种基本需要。

平等待人，就是在与他人交往时做到一视同仁，不嫌贫爱富，不因为家庭背景、地位职权等而对他人另眼相看。平等待人，就是不能盛气凌人，不要低估他人，人外有人，天外有天，放下自以为是的骄傲，才能赢得对方的尊重。平等待人，就是要学会将心比心，学会换位思考。只有平等待人，才能赢得他人的平等对待。

尊重是指敬重、重视。尊重包括两个方面，即自尊和尊重他人。自尊就是在各种场合都要尊重自己，维护自己的尊严，不自暴自弃。尊重他人就是要尊重他人的生活习惯、兴趣爱好，相信每个人都有他/她自己的优势和长处，要学会向他人学习。

在生活中，我们要平等待人，就要发自内心地尊重他人。在人际交往中，交往是平等的、尊重是相互的。在人际交往中，必须以平等的姿态给他人以尊重，才可能拥有良好的人际关系。同时，我们应当有正确的自我认识，在与他人交往时，不能觉得自己低人一等，也不能高高在上，而是要尊重自己和他人，不能因他人的家庭状况、体貌特征等方面的差异而另眼相待。

（三）交互原则

在日常生活中，我们有一个共同的倾向，就是希望他人能够承认自己的价值，接纳自己、喜欢自己。由于有这种寻求自我价值被肯定的倾向，我们在人际交往中往往更注意表现自己，吸引他人的注意，期待他人首先接纳自己、喜欢自己。有研究发现，人际关系的基础是人与人之间的相互重视、相互支持。对于真心接纳、喜欢我们的人，我们也更愿意接纳对方，愿意同他们交往并建立和维持关系；而对于那些排斥、拒绝我们的人，我们也会排斥、拒绝他们。

任何人都有保护自己心理平衡的稳定倾向，都要求自身同他人的关系保持某种适当性、合理性，并根据这种适当性、合理性使自己的行为及与他人的关系得到延续，这样，当他人对我们表示接纳和支持时，我们也会感到"应该"对他人报以相应的友好行为。这种"应该"的意识会使我们产生一种心理压力，迫使我们对他人也表现出相应的接纳行为。否则，我们的行为就是不合理、不适当的，就会妨碍自己以某种观念为基础的心理平衡。另外，我们对行为合理性和适当性的理解也会投射到与我们发生相互联系的人身上，当我们对他人表示接纳时，我们也会产生一种要求他人做出相应行为的期望。如果他人的行为偏离了我们的期望，我们会认为他人不值得我们报以友好态度，从而产生一种不愉快的情绪体验，对他人产生排斥情绪。

（四）理解、宽容原则

理解主要是指了解他人的需要，明确他人言行的动机和意义，帮助和促成他人合理需要的满足，对他人生活和言行的有价值部分给予鼓励、支持和认可。在现实生活中，理解能够促进彼此之间的关系进一步发展。

古人云：“宰相肚里能撑船。”在人际交往中，难免会有一些不愉快的事情，甚至产生一些矛盾和冲突，这时候我们就要学会宽容他人。宽容原则，即与人为善的原则。在社交场合，宽容是一种较高的境界，宽容的人允许他人有行动和判断的自由，对不同于自己观点的见解有耐心。在生活中，能够理解他人并宽容他人的人会有更广阔的胸襟，在人际交往中不仅能收获更多的朋友，也能受到他人的尊重和赞赏。

（五）信用原则

古人常说：“言必信，行必果。”随着时代的发展，信用在人际交往中发挥着越来越重要的作用。一个守信用的人，可以让人信任。信用，是指一个人诚实、不欺骗、遵守诺言，从而取得他人信任的品质。人离不开交往，交往离不开信用。在人际交往中，要努力做到说话算数。与他人交往时，要热情友好，以诚相待，不卑不亢，端庄而不过于矜持，谦逊而不做作。

总的来说，在人际交往中，要取信于人，应做到以下几点：第一，要守信，言行一致，说到做到；第二，不仅要信任他人，而且要争取赢得他人的信任；第三，不轻易许诺；第四，要自信，给他人以安全感。

二、人际交往的艺术

（一）听和说的艺术

1.听的艺术

在人际交往中，听的艺术表现在以下方面：

一是在倾听的时候应该与说话人交流目光。眼睛是心灵的窗户，眼神的注视可以表达出我们正在专心听对方说话。但是，注意不要死盯着对方的眼睛，这样会给对方造成压力。

二是要重视倾听，但并不是完全一言不发。在倾听的时候，要点头或发出"哦、嗯"等声音以示应答，既能表示自己在倾听，也能激起说话者进一步讲话的兴趣。否则，对方的独角戏很快就会谢幕。认真倾听，不等于一言不发，也不等于一味地附和对方的观点。从不表达自己相反观点的人，会被人认为是没有主见，或者是太圆滑。如果是前者，对方会觉得与这种人交往很无趣；如果是后者，对方不会敞开自己的心扉、畅所欲言，双方的交往也不会太深入。所以，我们在认真倾听的同时，得体地向对方表达自己的观点和意见，不但不会得罪人，反而会受到对方的欢迎。

三是倾听对方讲话，并不只是让对方感觉到尊重他/她、在听他/她讲话，最重要的是要从他/她讲的话中得到需要的信息。对于对方谈话中的要点，如果自己没有听清楚，可以要求对方讲得更详细一些。这说明自己对交谈的内容很感兴趣，也很重视，需要进一步了解，引导对方深入阐述，以便获得更多的信息。当我们没有听清楚或没有理解的时候，要等对方的话说完之后再询问，不要在中途随意打断对方的话头，这样有可能造成对方思路的中断，对方也可能因为被别人打断谈话而不高兴。

四是适时提问，不仅能帮助我们理解对方，也有助于控制谈话的方向和提高谈话的积极性。通过提问，不仅可以让对方感觉到我们对他/她的谈话内容感兴趣，同时也能启发对方谈出我们感兴趣的话题。并不是每个人都能对他人畅所欲言，尤其是第一次见面的陌生人。当交谈冷场的时候，我们可以寻找一些新的话题及时提问，以此来缓解尴尬。再好的话题也有说完的时候，当交谈者的兴趣减弱的时候，光重复一些没有新意的话题是令人乏味的，我们要敏感地觉察对方对谈话的兴趣，以便及时将话题转移到新的内容上。

2.说的艺术

任何一句话都有很多表达方式，而每一种表达方式都会带来截然不同的表达效果。常用的说话技巧有委婉、赞美等。

（1）委婉

在现实生活中，有很多内容是不便直接说出口的，否则会让人联想起一些不好的事物，产生不愉快的感觉。委婉的表达方式能够帮助人们消除这种感觉，使谈话的内容保持在高尚、美好的层面上，使人们在表达相同内容时更含蓄、更动听，尤其是谈到敏感事情或拒绝对方的时候，能让对方更容易接受。例如，提到"厕所"一词的时候，总让人联想到一些不好的内容，所以，在日常生活中，人们常常用"去方便一下""去洗手间"等代替，减轻尴尬的程度。

（2）赞美

在人际交往中，合理地使用赞美能给自己的人际关系带来意想不到的收获。具体而言，应注意以下几个方面：首先，要以真诚的微笑面对别人。真诚的微笑是令人喜欢的一项重要因素。微笑所表示的是我喜欢你，很高兴见到你。笑容是好意的信差，它能像穿过乌云的阳光一样带给人温暖。在与人交往的时候，我们要尽量挖掘别人身上的长处，欣赏别人。其次，要拥有爱心。拥有爱心的人最能发现别人的长处，爱的心理就是欣赏和赞美。最后，要勇敢、恰当地表达爱心。埋在心底的爱心，就像被乌云遮住的太阳，不能让人感觉到，也就不能产生任何实用的价值。

赞美不但能使他人的内心充满阳光，自己也能从中获得幸福感。研究发现，当减少批评和惩罚并增加赞美和奖赏时，人们主动做好事的概率会增加很多，许多不良行为也会因被忽视而减少。赞美他人的优点，其实就是在强化他人身上的那些闪光点，使其感受到幸福和快乐，反过来他人也会对赞美者报以感激和友善的回应。"赠人玫瑰，手留余香"就是这个道理。

当然，人际交往不能只讲优点不看缺点，不能只赞美不批评。但是，批评也要掌握一定的策略和原则。例如，对事不对人原则，批评时针对具体的某件事情而不要含有贬低对方的能力甚至是人品的意味；先扬后抑的策略，批评时可以先赞扬对方的长处，再去指出其存在的不足；就事论事原则，不涉及过去的"老账"，让对方感到自己犯错误是一时的，是可以通过努力改正的。

（二）给人留下良好印象的艺术

良好的第一印象是人际交往成功进行的首要条件。具体来说，可以从以下几个方面着手：

1.注意自己的外表和体态语言的塑造

具体来说，应做到穿着得体、举止大方、文雅、礼貌、谦虚、面带微笑等。形象是信誉的重要标志，所以，我们要注意塑造好自己的形象。人的形象有内在形象和外在形象之分。内在形象是通过人的性格、人格、学识、智慧、才能、处世态度等表现出来的。外在形象是通过人的衣着、谈吐、办事和交往等表现出来的。我们应注意塑造好自己的形象，使自己的内在形象和外在形象一致，兼具内在美和外在美。

2.建立良好的自信，善于表达自己的优点而不过分夸大

人们不只希望自己是自信的，也希望自己的交往对象是自信的。试想一下，谁愿意与一个唯唯诺诺的人交往？所以，在与人交往的时候，要建立良好的自信，勇于向别人展示自己的优点，大方接受别人的夸奖。但要记住，凡事都有个度，勇于向别人展示自己的优点并不是痴迷于向别人炫耀自己的优点。要把握好这个度，需要在与人交往的过程中不断反省。

3.主动热情，在最短的时间内缩短与别人的心理距离

在与人交往的过程中，尤其是在与陌生人交往的过程中，每个人都希望别人比自己更主动。根据人们的这种心理，我们可以利用交往过程中的主动来给别人留下良好的第一印象。不要认为自己在与人交往的过程中主动了就是让别人占了便宜，相反，要觉得是自己引导和控制了整个交往过程并从中体会到成就感。

4.运用相似性原则，寻找自己与对方的共同之处

刚入学的大学生喜欢找老乡做朋友，就是因为老乡这种较为亲密的关系容易给人温馨的感觉，使交际双方容易建立信任感。每个人的潜意识中都有一种排他性，对与自己有关的事物往往自觉表现出更多的兴趣和热情；对与自己无关的事物则表现出一定的排斥性。因此，在与陌生人交往的时候，如果能找到类似老乡这种相似之处时，我们不妨直接说出来，使对方意识到两人的关系其实很“近”。这样，无论是对方的地位在自己之上还是在自己之下，都能较好地营造坦诚相谈的气氛，打破初次见面由于生疏造成的心理防备。

5.记住他人的名字

记住他人的名字能使自己在他人心目中留下良好的印象。在人际交往中，记住他人的名字可谓小事一桩，却能收到意想不到的效果。牢记他人的姓名是有技巧可循的，可以遵循以下两点：

一是初次见面的时候要问仔细。刚刚结识一个人时，要找机会主动问清楚对方的姓名。若有必要，可以问清楚是哪几个字，怎么写，有什么寓意。一般情况下，人们都会非常乐意给别人介绍自己的名字。

二是靠重复和联想将对方的名字记牢。重复和联想是记忆的两个策略。重复是记忆的基础，认识一个人之后，如果有意识地将其名字在脑海中重复几次，下次见面的时候，想起对方名字的概率就会很大。刚接触一个新名字的时候，要尽量多使用。比如，在合适的时候，用他/她的名字称呼他/她本人；分别的时候直呼其姓名道再见。这些都是重

复的方式。联想是提高记忆的一种有效途径，是在记忆的时候将记忆对象与另一事物联系起来，以达到记忆的目的。在问清楚对方的姓名之后，可以适当地联想，把对方的名字与其身材、外貌特征联系起来，这样记忆的效果就会大大加强。通过联想，使孤零零的名字在头脑中变得丰富，记忆起来就相对容易了。

再次见面的时候，如果实在想不起来对方的名字，就不要轻易向对方提问。如果能周旋避开的话尽量避开，不提及对方的名字；如果实在避不开，先向对方道个歉，再诚心诚意地向对方请教。

（三）其他艺术

1.自我暴露

自我暴露就是把自己私人性的方面展示给别人。研究发现，良好的人际关系随着自我暴露的增加而发展起来。随着信任程度和接纳程度的提高，交往的双方会越来越多地暴露自己。因此，自我暴露的广度和深度是衡量人际关系的重要尺度，如果想了解自己对某个人的接纳程度，只要了解自己在他/她面前的暴露水平就可以了。对一个人的接纳水平越高，就越期望向对方暴露自我。但是，无论关系多么亲密，每个人都有自己不愿意暴露的领域。我们不能因为关系亲密就期待对方完全敞开心扉，更不应该随意侵入对方不愿意暴露的区域。否则，会让对方产生强烈的排斥情绪，从而降低对我们的接纳水平。

自我暴露的程度，由浅至深可以分为四个水平：首先是情趣、爱好方面，如饮食偏好、生活习惯等；其次是态度，如对某个人的看法、对时事的评价；再次是自我概念与个人的人际关系状况，如自卑感、与恋人的关系状况等；最后是最为隐私的内容，如自己的性体验、个体不为社会接受的一些想法和行为等。

一般情况下，关系越密切，人们的自我暴露就越广泛、越深刻，但事情也不完全都是这样。彼此完全没有任何关系的人，也有可能达到完全的自我暴露。一个人不愿意告诉身边朋友的事情，可能会对自己素不相识的网友和盘托出。正是因为素不相识，而且对方以后介入自己生活的可能性很小，暴露给自己造成的风险也小，此时个体的防御心理才会降低，从而有可能达到完全的自我暴露。

自我暴露要坚持两条原则：一是切境原则。所谓切境，就是指自我暴露要和当时、当地的环境相符合。切忌不分场合、不分时间、不分对象地暴露自己，那样只会让人认为是肤浅甚至是愚蠢的表现。二是适度原则。根据交往对象熟悉程度的不同，不同程度地暴露自己的隐私。

2.学会寻找话题

无论是刚认识的人还是老朋友之间，话题都是必不可少的。如果没有话题，交谈就无从开展。很多人害怕与人交往，主要原因就是话少，见了人不知道该说些什么，该怎么说。以下提供一些寻找话题的技巧供大家参考。

（1）投石问路技巧

在与陌生人交谈时，先提一些"投石"式的问题，在对对方的情况了解之后再确定交谈的主题。比如，在某一部大片流行的时期，想跟刚认识的人交流一下对这部片子的感受，可以先问一下："你看过刚出的那部大片了吗？"

（2）察言观色技巧

在与陌生人交谈时，先以话试探，在寻找到与对方的共同点之后再确定谈话的主题。比如，看到眼前这位刚认识的人身材比较健壮，可以试探性地问："我看你身材这么好，是不是平时挺喜欢体育活动？"

（3）直截了当技巧

在双方有明确的交往目的时，可以直截了当、直奔主题，不必再拐弯抹角。这种情况比较适合关系较稳定的人之间。比如，想让朋友帮忙做点什么事，那么最好见面或通电话后直奔主题，谈关于要帮忙的事宜，这时候如果拐弯抹角，反而会让人觉得做作。

（4）由情景入题技巧

英国人尤其善于用由情景入题的方式交谈，他们碰面后的第一句话通常是"今天天气不错！"等对方回应之后，再开始谈自己想要谈的内容。

（5）趋同技巧

在相似、相近的因素上寻找并确定共同关心和感兴趣的话题。刚认识的两个人，如果能找到一个双方都感兴趣的话题，那是再好不过了。共同关心的话题可以让双方迅速展开交谈，并且因为这个共同点而在心理上迅速接纳对方。

3.合理把握与交往对象的距离

心理学家索莫尔（R. sommer）做过一项研究：以那些独自坐在公园的长凳上休闲者为研究对象，研究者让一个陌生人到离休闲者约 15 厘米的地方坐下，然后观察休闲者在陌生人到来之后会停留多久。研究结果显示，与没有陌生人到的情况相比，陌生人的到来会缩短休闲者停留的时间。这个研究说明，在单位空间内人员密度低，且人们可以选择自己空间位置的情况下，人们倾向于与陌生人保持一定的空间距离。任何一个人都需要在自己的周围有一个自己把握的空间。人就像被一个"气泡"包围着，走到哪里，这个"气泡"就被带到哪里。两个陌生人之间的"气泡"要经过一段时间的交往才能变小。

4.学会察言观色，根据一个人的谈吐判断他/她的性格

如果一个人在交谈中经常谈论自己，如自己的经历、看法、态度、情感等，说明他/她的性格比较外向，主观色彩比较深厚，比较愿意表现自我；如果一个人在交谈中很少提及自己的经历、看法、态度、感情等，说明他/她的性格比较内向，感情比较内敛，主观色彩不深厚，不太注重自我表现。

如果一个人说话时喜欢叙述事实的过程，说明他/她比较注重客观事实，情感比较沉着；如果一个人说话时富有感情，注意细节，说明他/她容易动情，也多少有点主观色彩；如果一个人说话时习惯评价、判断，说明他/她的主观性很强，也许经常会将自

己的想法强加于人。

如果一个人说话是概括型的，注重事件的结果，而较少涉及事件的过程，比较关心宏观、全局的话题，这说明他/她有领导者、管理者的特质，具有支配的欲望，且独立性较强；如果一个人说话是具体的，注重事件的过程，比较关心微观、局部的话题，那么他/她就具有从事具体工作的特质，支配的欲望不强烈，顺从性比较明显。

如果一个人谈论的生活琐事比较多，说明他/她是安乐型的人，比较关心生活的安排；如果一个人谈论的国家大事比较多，说明他/她是事业型的人，比较注重事业的成就；如果一个人喜欢畅谈未来，说明他/她属于计划型的人，比较注重计划和发展。

如果一个人不太愿意评价别人，偶尔谈到时，当面与背后言论比较一致，说明他/她是正直的；如果一个人喜欢对他人评头论足、阳奉阴违，则说明他/她是虚伪的，嫉妒心较强。

如果一个人用词高雅、准确，讲话干净、利索，说明他/她有较好的文化修养，办事比较干练、果断；如果一个人用词欠妥、浅薄，说话啰唆，抓不住重点，说明他/她的文化修养不高，办事拖拉；如果一个人用词夸张、粗俗，讲话不慎重，说明他/她的文化修养较差，办事不负责任。

如果一个人讲话快而急，这个人往往脾气急躁，办事雷厉风行，但可能有些瞻前不顾后、粗枝大叶；如果一个人讲话慢，说明他/她生性比较沉稳，前后考虑得比较周到，但办事可能不干练；如果一个人讲话快而不急，则有可能办事果断，富有主见，并且不轻易改变自己的主张。

如果一个人在集体场合讲话主动，往往性格比较外向，是富有自信心的表现，也多少说明他/她具有影响他人、支配他人的特征，当然也有可能是轻率、好自我表现；如果一个人在集体场合中常处于被动地位，不爱表现，那一般是性格比较内向，同时也有可能是自信心不足或比较沉着，这类人比较善于从别人的谈话中听取意见。

如果一个人在和别人交谈时，喜欢纠正别人的错误，说明他/她往往比较主动，自信心强，比较直率；如果一个人在和别人交谈时，不爱纠正别人的错误，则他/她有可能比较谦虚、含蓄，也比较被动。

第三节 人际交往的破裂及其应对方法

人有悲欢离合，月有阴晴圆缺，此事古难全。人际交往有改善、发展，当然也会有人际交往恶化。那么，人际交往破裂过程有什么特征？人际交往关系破裂后，特别是比较密切的人际交往关系结束后，会给人带来一定的压力，使人产生强烈的负面情绪。要从这种不良状态中走出来，应该如何做呢？

一、人际交往的破裂过程

人际交往从融洽的状态走向终结，通常要经历以下五个阶段：

（一）分歧

人际关系的本质是情感的相互联系、相互卷入。它的基础是卷入关系的双方必须有共同的情感。共同的情感存在，彼此的关系就存在；共同的情感消失，彼此的关系就破裂。而分歧正是共同的情感消失的开端。分歧意味着人际关系双方不同点扩大，心理距离增加和彼此的接纳性下降。随之而来的是双方在知觉和理解上都朝不利于双方关系的方面发展，彼此都开始感到难以准确地判断对方。研究发现，人们在关系融洽的时候，可以很肯定地判断对方的状态、意图和目的，但当出现分歧，双方情感的融洽程度下降时，人们开始对对方的情感和动机状态没有把握。

（二）收敛

当关系开始出现裂痕时，双方总的沟通量会出现下降的趋势。此时，谈话会高度注意、高度选择，并都指向减少彼此的不一致。在这一阶段，关系的发展还没有使人们明确表示对彼此的关系不再有兴趣，情感上的拒绝水平也还较低。因此，双方在表面上仍试图维持关系良好的印象。但实际上，此时彼此的关系已出现明显的破裂趋势。双方自发沟通减少，就会降低双方自然的情感融洽的程度。一般而言，如果第一阶段出现的分歧没有得到顺利解决，导致双方较长时期都以收敛的方式交往，则关系会出现进一步的恶化。

（三）冷漠

在这一阶段，交往的双方开始放弃增进沟通的努力，人际关系的气氛变得冷淡。通常情况下，此时人们已不太愿意进行直接的谈话，而是多凭借非语言的方式实现必要的沟通和协调。但与情感融洽时的状态不同，此时的非语言沟通是缺乏热情的，交往双方的目光是冰冷的，也没有热情的期待。许多人与别人的关系都会在这一阶段上维持很长时间。原因有两个：一是期望关系仍然朝好的方向发展，因而不愿意一下子就明确终止关系；二是考虑到自身利益，有时人们在情感上和实际生活中的许多方面，如经济支持或相互服务等方面，很难一下子适应突然失去某种关系的支持，这就会促使人们即使是勉强的，也要在一定程度上维持某种关系。

（四）逃避

随着关系的进一步恶化，人际交往的双方会尽可能地相互回避，特别是回避只有两个人在一起时无所适从的窘境。关系恶化到这一阶段，人们往往感到很难判断对方的情感状态和预测对方的行为反应。因此，人们通常避免直接的询问、提出要求等。许多人在婚姻关系或亲人关系达到这一状态时，通常通过第三者实现间接的沟通。在知觉和理解上,这一阶段很容易发生纯粹主观的误解。因为在这种状态下,人们都有强烈的自我保护倾向,对许多本来正常的人际交往行为会有过度的反应。

(五)终止

关系的终止可能是立即完成的,也可能拖延很久。关系终止的方式各种各样。在某些情况下,关系终止有一个明显的标志,即在先前关系恶化的基础上发生一次直接的、激烈的冲突。而在另一些情况下,关系终止则是前几个阶段关系恶化的自然延续。随着彼此交往的频率下降,或彼此利益依存关系的终结,冷漠和逃避的关系会转变为关系的最后终结。还有一种特殊情况的关系终结,即人际交往的一方突然消失。在表面上,交往的一方去世或隔断音讯也是关系终止。但实际上,从人际关系本质的角度分析,这种关系终止与经历了人际关系恶化历程的关系终止是截然不同的。经历了人际关系恶化历程的关系终止是相互情感卷入、情感连带的消失。而在失去交往一方的情况下,继续生存的人们对消失者仍然可能存在深刻的情感连带和情感卷入。因而,在实质上,这种情况不是真正的关系终止,而只是交往的断绝。

二、防止人际交往破裂的方法

认清人际冲突或分歧的本质,学会建设性地处理分歧或冲突,可以有效减少人际关系恶化和破裂情况的发生。由于每个人有其不同于任何其他人的经历,有自己独特的情感、理解和利益背景,因此,人与人之间出现不一致或冲突是不可避免的。无论什么样的关系,也无论交往的双方情感有多么融洽,都有可能出现冲突。因此,我们在同任何人交往的过程中,都应对可能出现的冲突有所准备。

预期冲突是正确了解冲突并建设性地处理冲突,避免在冲突中付出更大代价的有效途径。一般情况下,如果一个人在毫无准备的情况下直接卷入冲突,那么在整个冲突过程中仍然保持理性是十分困难的。人是情绪化的动物，在人过于激动的时候，思维会受到明显干扰，很难保持对事情的正确判断，在激情之中做出对人际关系有害的事是经常发生的。在实际生活中，许多人际冲突是可以避免的。学会用移情的方式去体验别人为什么会表现出那样的言行，不仅可以有效帮助我们正确理解别人，避免判断错误，也可以防止发生不恰当的行为。

对于已经发生的冲突，如果处理得当、就事论事，往往不会给人际关系带来太大危害。心理学家经过研究，提出了解决冲突的有效步骤。实践证明，这些步骤可以有效地帮助人们控制和消除冲突。这些步骤具体如下：第一，相信一切冲突都可以建设性地得到解决；第二，了解冲突的原因；第三，具体描述冲突；第四，向别人核对自己有关冲突的观念是否客观；第五，提出可能的解决冲突的办法；第六，对提出的办法逐一进行评价，筛选出最佳的解决冲突的方法，最佳方法必须对双方都最有益；第七，尝试使用筛选出的最佳方法；第八，评估最佳方案的实际效果，并按照给双方带来最大利益和有利于良好人际关系维持的原则给予修正。

第四章　人际信任

第一节　人际信任的内涵、功能和类型

一、人际信任的内涵

人际信任贯穿于人际交往的全过程，是社会互动中一种重要的心理现象，也一直是销售、组织行为、策略管理和组织心理学的重要研究课题。从组织层面来说，人际信任可以优化组织行为，提升组织管理能力，增强组织内成员的凝聚力，进而提升组织的活动效率。从个体层面来说，人际信任可以促进情感性人际关系的建立，减少人际猜疑带来的内耗和心理压力，便于建立以工作任务为导向的人际互动，营造和谐、温暖的人际关系。

信任是一种相当复杂的心理现象，牵涉很多层面和维度。人际信任是在信息有限或背信弃义后有严重后果的背景下，基于对被信任者的信誉评估，对其行为的积极期望，并愿意接受由此带来的损失或风险。所以，信任可以定义为基于信誉的评估，信任者对被信任者未来行为的积极期待。

根据这一定义，可以认为：第一，信任是一种有限的理性行为，是行为人在自己直接影响延伸不到或不起作用的领域，对被信任人运用自己的资源或履行诺言来实现行为人或组织目标的可能性进行的主观判断；第二，信任是个体间的一种心理预期，而这种心理预期是指向未来的，并反映在当前的行为决策中；第三，信任是在面临不确定性事件而需要规避风险时才会产生。个体在信任他人的同时可能因他人没有表现出期望行为

而遭受损失。

二、人际信任的功能

我们为什么需要发展人际信任？发展人际信任有什么好处？从社会学的观点来看，信任是存在于群体之中而不是属于孤立的个人，也就是说，发展信任的结果会影响人际关系而不是某一个人。总的来说，人际信任的功能如下：

（一）降低风险及不确定性

不确定性的来源主要有两个：一是来自人际关系本身；二是来自外在的环境。来自人际关系本身的不确定性是因为不能确定对方的反应是否合乎自己的期望，而来自外在环境的不确定性则是因为整个环境的变化无法预期。任何人都无法准确地预测未来，这两种不确定性是风险产生的主要原因之一。

信任可以增加我们承担风险的意愿，因为我们相信对方的善意，不会有违反信任的投机行为，所以能降低我们心中的不确定性。除了增加承担风险的意愿，信任也可以降低人际关系的不确定性，因为我们在决定信任对方之前已经考虑了对方的可信任性，也考虑过万一对方失信所造成的后果，因此，人际信任可以在一定程度上降低人际关系的风险及不确定性。

（二）促进人际合作

在人际关系中，主要状态有两种：合作状态与竞争状态。如果没有竞争或合作，就表示双方之间没有明显的关联，如不熟的朋友或是业务不相关的同事。人际信任可以促成人际合作且得到较好的结果，这是因为人际信任可以降低不确定性。信任可以使我们相信对方的善意及可靠性，会对彼此的行为更有信心。当信任进一步发展，情感的交流使得人们愿意帮助彼此，更能促进彼此合作。

（三）发展人际公民行为

信任可以降低人际关系的风险，促进彼此间的合作，因此，人际信任会促使双方都愿意为对方作出承诺，此时互惠的道德义务感就会出现。即使没有明显的好处，我们也乐于帮助对方，甚至愿意牺牲自己暂时的利益，以获得双方的长远利益。这种愿意自我牺牲的精神就是一种人际公民行为。

三、人际信任的类型

我们与不同的人之间的信任不见得会完全一样，不但是信任程度的高低不同，而且信任发展的过程也可能不一样。这是因为我们和不同的人交往时，情境不会完全相同。根据不同的划分标准，人际信任可以分为不同的类型。

（一）根据信任产生的起源划分

根据信任产生的起源划分，人际信任可以分为认知型信任、情感型信任及制度型信任三种不同的信任类型。

1.认知型信任

认知型信任是指我们在了解到有关某一个人可信任的证据之后，而产生信任对方的意向。在人际交往中，对方是否值得信任的证据，如人格、背景、意图、能力、言行一致等方面，都可能会让我们愿意信任对方，而我们考虑这些证据的过程是一种认知的程序，经由这种程序产生的信任就被称为认知型信任。在我们刚开始与某一个人交往时，因为对他/她不了解，所以此时主要的证据是其他人的口碑；而在交往一段时间之后，我们逐渐了解对方，知道他/她的意图善恶、能力高低等可信任性的证据，这些亲身经验会增强或减弱我们对其信任的程度。无论是在人际关系开始时还是在人际关系稳定之后，都会出现认知型信任。

2.情感型信任

情感型信任是指我们基于对某一个人的情感依附而愿意信任对方。人际信任关系在发展一段时间之后，双方会逐渐产生情感的交流，这种情感的交流会加深双方的信任关系。但双方的情感卷入要经过一段时间的培养之后才可能发展起来。因此，情感型信任不大可能出现在交往初期，而比较可能出现在较亲密的人际关系中。如果我们在持续的交往中能充分了解对方的善意、热情及诚实，就会逐渐对他/她产生某种情感，这种情感不是单方面的，而是与对方交流形成的，因为单方面的情感不会持久。

3.制度型信任

制度型信任是指我们相信某一个人在制度性因素的规范下会表现出值得信任的行为，因而愿意信任对方。法律规章和道德规范的约束可以让我们相信别人会表现出值得信任的行为。制度型信任的存在，让人与人之间比较容易发展成认知型信任和情感型信任。所以，制度型信任可以支撑认知型信任和情感型信任。

制度型信任在现代社会中尤其重要。由于人口大量流动、社会结构日益复杂，使得传统社会的道德规范逐渐失去它的效力，正式的法律规章及公正的规范成为人际信任的主要依据，因此制度型信任可以说是现代化社会的表征。

认知型信任、情感型信任和制度型信任并非各自独立发展而彼此没有关联的，实际上，各种信任类型是可以同时存在的。例如，我们在评估某一个人的能力或可靠性时（认知型信任），也有可能同时有一些情感的偏好（情感型信任）。即使双方已产生情感型信任，我们仍旧会注意对方是否有违反信任的行为出现，只是此时我们会容忍对方短暂的偏差行为。

虽然任何人际信任都可能包含这三种不同的信任类型，但在不同的发展阶段，仍然是以一种信任类型为主。例如，人际关系开始时，我们可能通过认知性的程序发展信任，因此，这一阶段认知型信任会比较明显。在人际关系发展成熟之后，双方因为长期互动而产生情感的交流,情感型信任就会成为主要的信任形式。制度型信任在整个信任发展阶段都存在,但在刚开始交往时,我们完全不了解对方,这时制度型信任就是主要的信任形式。

(二)根据信任的对象划分

根据信任的对象划分,人际信任可以分为普遍信任和特殊信任。在现实生活中,人际信任的形成一般依赖于以社会系统为中介的制度信任和以熟悉和情感关系为基础的个人信任。著名社会学家韦伯(M. Weber)曾论述了两类个人信任——普遍信任和特殊信任。特殊信任的对象只包括那些有血缘或裙带关系的人,而普遍信任的对象则扩展至具有相同信仰的所有人。前者以血缘性社区为基础,建立在私人关系和家族关系之上,后者则以信仰共同体为基础。西方人的信任方式多属于后者,而中国人则多以特殊信任与人交往,只信任"自己人",而不信任"外人"。无怪乎西方人的信任研究中常见普遍信任,而少见特殊信任。在韦伯看来,中国人的信任行为属于特殊信任,特殊信任的特点是只依赖和自己有私人关系的他人,而不信任外人。

(三)根据信任的程度划分

根据信任的程度划分,人际信任可以分为高人际信任与低人际信任。研究发现,大学生的人际信任度低于中学生,两者存在显著差异,特别表现在对社会角色和现象的信任上。理科大学生的人际信任度高于文科大学生的人际信任度,并存在显著差异。罗推尔(Jung Rotter)认为,人际信任度与社会经济地位有着密切关系,来自社会经济地位低的家庭的孩子一般来说不满于现状和当权者的利益,似乎没有理由去信任别人。此外,罗推尔还发现人际信任度与可靠度有很大关系,人际信任度高的个体很少说谎或欺骗他人,也很少有偷窃行为;人际信任度高的个体一般生活幸福,易为别人喜欢和尊重,并且多半会给他人提供机会,即使对方有错也允许其改正;人际信任度高的个体很少有内心冲突、精神失常行为，他/她愿意结交朋友，善于处理人际关系。

第二节　人际信任的前提因素

一个人是基于什么理由而愿意信任另一个人，这些理由可以分为两大类：第一类对人际信任有直接影响，是有关别人是否值得信任的证据；第二类对人际信任有间接影响，是属于自己的人格倾向。

一、直接前提因素——别人可信性的证据

别人是否值得信任会影响人际信任的发展，人际信任的直接前提因素可以分为三类：认知性前提因素、情感性前提因素及制度性前提因素。

（一）认知性前提因素

认知性前提因素主要影响认知型信任。在人际关系发展过程中，我们通过他人口传或者自己亲身体验的方式得到某一个体是否值得信任的信息，这些有关对方是否值得信任的理由是影响认知型信任发展的主要原因，这些原因包括福利、能力、正直及社会相似性。

1.福利

我们开始发展信任关系最初的原因通常是希望某一个人能做出对我们有利的行为，对我们有帮助的人常会被认为是可信任的，因此，信任产生的基础之一是福利，但这个福利未必一定是实质的利益。除了希望对方能够有利于我们，我们还必须认识到这样的行为有可能实现，这样才会愿意信任对方。福利是促成认知型信任关系发展的主要原因

之一，特别是在信任关系发展的早期。

2.能力

我们既然希望别人能够做出对我们有利的行为,当然会考虑对方是不是具备相应的能力,因此,能力也是影响人际信任发展的因素之一。这里所指的能力并不是一般的能力,而是与职业或者任务内容有关的技术知识或专业能力,也就是对方能够完成工作的能力。不同的工作需要不同的能力,每一个人的能力也不一样,所以,对能力的信任会随着任务及情境的不同而改变。

3.正直

一个人以前和现在的言行是否一样,也是别人是否会信任的关键。如果一个人以前和现在的言行一致,那么这个人未来的言行可以被预测。除前后的言行一致外,别人的言行标准也必须是我们认同的,这样,我们才会觉得对方是值得信任的。例如,某个人一向都是自私自利的,他的言行也是前后一致,但我们不可能信任他。

4.社会相似性

社会相似性是指信任者与被信任者思想或背景相似的程度。我们习惯对日常接触的人进行分类。分类的标准既可以是双方价值观的差异,也可以是双方社会文化背景的差异。我们依据这样的标准将周围的人区分为自己人或不是自己人。自己人,小一点的范围可以是自己的家庭、自己的组织,大一点的范围是我们的民族、我们的国家,更广泛的范围则是同样的年龄、同样的性别等。我们会觉得自己人是值得信任的,这是因为比较容易了解对方的想法。

(二)情感性前提因素

情感性前提因素主要影响情感型信任。如果交往双方能够彼此关心,产生情感的交流,则双方之间的认知型信任就会逐渐转变为情感型信任。影响情感型信任的前提因素有慈悲心及共同的情感。

1.慈悲心

慈悲心是指真诚地关心别人，真心为他人着想。如果我们相信别人真诚的关心，我们会更加信任对方。因为这表示他/她对我们有一种特殊的情感存在，甚至会为我们而牺牲自己的利益。同理，如果我们对其他人付出真诚的关心，也会增加对方对我们的信任。

2.共同的情感

情感型信任的发展需要交往双方之间有情感的交流。相互情感的产生需要长期的培养，因此，这样的情感在信任关系发展的早期阶段不太可能出现，只有在长期的交往之中，双方都真诚关心对方，而且这样的付出是有回报的，共同的情感才会凝聚并发展。

（三）制度性前提因素

上面所提到的认知性及情感性前提因素主要集中于人际信任关系的个人特质。除了这些属于人际信任关系的内在因素之外，还有其他因素是来自我们所在的组织、社会或国家等外在环境的影响，这些属于制度性因素，又可以区分为正式制度性前提因素和非正式制度性前提因素两大类。

1.正式制度性前提因素

正式制度性前提因素可以分为两个部分：法律规章和正式机构。

（1）法律规章

法律规章是由国家的政府机构经由正式的立法程序所制定的正式规范。每个公民都可以相信其他公民会遵守法律，即使对方违反法律，自己的福利也会受到法律保障，这样会增进彼此信任。

（2）正式机构

主要的正式机构是国家的政府机构。政府机构成立的一个重要目的，就是惩罚违反国家法律规章的个人或团体。此外，具有正式规则及标准程序的组织，如公司，也扮演着类似的角色。在这些正式机构的约束下，人们相信彼此的游戏规则是相同的，因此，可以增进彼此信任。

2.非正式制度性前提因素

上述的正式制度性前提因素主要是人为刻意安排，而且有明文规定。非正式制度性前提因素则不是人力所能刻意控制的，而且需要经过长时间的演变，很难在短时间内以立法的方式建立。经过长时间的演变，非正式制度性前提因素比较容易被社会成员接受。非正式制度性前提因素包括共享的理念和非正式的结构。

（1）共享的理念

共享的理念是指一个国家或社会所有成员共同承认的价值观或风俗习惯。这些共同承认的价值观或风俗习惯虽然没有明文规定，却对社会成员的行为有着重要影响。同样，一个社会的共享理念也会影响人际信任的发展。例如，集体主义社会强调团队合作，因此，会比较容易发展人际信任；而在个人主义社会中人际关系较为疏离，就难以发展人际信任。

（2）非正式的结构

非正式的结构是指由人们自愿组织的非营利社团以及人际网络。这些组织及网络虽然没有正式法律的制裁力量，但是其中所包含的道德义务也能对它的成员有某种程度的约束力量。此外，人际网络的消息传播能力所造成的"坏事传千里"的效果也会使人们做出违反信任的事的概率降低。因此，通过非正式的组织及网络的道德制裁力量，可以保证人际信任的发展。

二、间接前提因素——"信任者"人格倾向

人们是否认为"大多数人"可靠，以及是否愿意依靠他们，这是个体信任倾向的基石。有些人遇到他人时，就认为他人是有能力的、仁慈的、诚实的、有道德的和可以预期的，即他们是可以依赖的，有些人基于过去的被骗经历，会持相反的态度，这就是信任倾向的个体差异。在有关组织行为的文化中，有时把这称为"倾向性信任"，有时把

这称为"泛化的社会信任""微弱的信任"或"不带个人色彩的信任"。

信任倾向可能不是一种特别明显的人格特质,因为它是由很多特质所驱动的行为倾向,如有些信任被经验驱动。人格因素和特质可能是个体信任倾向差异的主要内因。在人格的五大模式中(包括外向、神经质、开放性、宜人性、尽责),宜人性特质与信任他人倾向有显著的正相关,竞争倾向强的人更可能把他人看作不值得信任的并对他们采取相应的行动。

第三节　人际信任的产生、维持和修复

一、人际信任的产生

(一)基线信任

传统上,人们认为信任在人际关系中随着时间推移就会出现。然而,相反的观点认为,情境和个体差异经常产生于更加积极或消极(非中性)的起始点,它能影响发展、维持或破坏信任所需要的时间。初始信任中的传统观点叫作"零基线"假设。这种观点认为,一般情境下,人们会朴素地秉持这样的信念,即对方是没有信誉的,并且行动起来好像对方有着不同的价值观且不可以被信任。国外一些研究者主张,人际信任起始于情境信任,而不是零基线。两个人的初始交往,其信任不会为零。心理和文化因素都会使人际信任较高(积极信任)或较低(消极信任)。

（二）迅速的信任和自发的信任

迅速的信任是指在有些情境中，不能通过长时间考察来了解对方的信誉，需要马上决定是否相信他/她。然而，最初的"迅速的信任"概念，描述的是临时或短期工作群体的一种动态。不像传统概念中基于社会交换和理性选择的信任，"迅速的信任"适用于临时工作的群体，它让他们不用首先建立关系就能协同行动，特别是在时间有限的条件下。为应对一个非期望事件迅速组建一个团队，或当一个新人进入一个现存团队时，迅速的信任就可能发生。

有些人使用的"迅速的信任"的概念是指信任者迅速（且可能是没有进行有意识的思考）判断被信任者是否值得信任。一个人拥有高度信任倾向时，可能会出现"迅速的信任"，但也可能被下列因素驱动：情境和背景因素，甚至是被信任者的特征和信誉，这种信任曾被称为自发的信任。

（三）信任阶段

基于认知或情感因素的信任，不仅存在类型的差异，而且意味着在关系发展过程中信任有着不同的发展阶段。在人际关系的不同阶段，信任的表现形式是不同的。人际关系包括陌生关系、相识关系、熟人关系和家人关系，对应的信任包括基于理性的信任、基于平衡互惠的信任、基于交往感情的信任和基于角色情感的信任。

1.人际关系亲密程度与人际信任

人际信任是在人际交往中，双方能够履行被托付的义务及责任的一种保障感。用日常用语表述，就是"放心"，不必提心吊胆，担心对方会不会按照自己所期望、所托付的"为自己"做事。在这一概念中，人际信任被视为一个存在于两人之间的概念。因此，用两人关系作为研究信任的单元。

人际关系之所以可以成为"信任"的一个途径，有以下几个原因：一是两人关系是两人交往在某一个时间点的总结，它不仅代表了两人过去的交往经验，也预期了两人未来交往的可能结果；二是人际关系可以为双方提供以下保障，即履行既定关系中所内含的角色义务、胜任工具交换及感情交流的任务；三是随着人际关系的进展，双方相互的信任程度也会加深。

伴随两人发展关系的三个阶段，交往双方据此向对方提供三种"诚信"的保障：一是老实——指个人的基本品格：诚实及按规矩办事，这是起码的人际交往条件；二是诚意——有意进入相互满足对方需求的工具交换活动，不完全自私地只顾剥削对方，为对方的利益着想；三是诚心——专心关怀对方，为对方的利益着想，心甘情愿为对方服务，不求回报，即使在这个过程中损失自己的利益也在所不惜。

2.信任进展的条件

信任的进展是随着人际关系的进展而发展的，而人际关系的进展又是在双方相互表达自己的诚意和诚心之后才逐渐深入。这里可以看到人际关系与人际信任的辩证关系。这一循环的起点是个人遵循在交往之初既定关系所隐含的角色义务。因此，人品好的人会不计较得失地履行这些义务。之后，在每一个人际关系发展阶段，人品这一特质都使其称职地履行该阶段应尽的义务及责任。所以，在这一以义务为基础的信任模式中，人品是影响个人信任的重要因素。

二、人际信任的维持

（一）信任的自我维持

道德自律可以维持人与人之间最低程度的信任关系。康德认为，人的道德心和良知是绝对的、无条件的，即属于"绝对律令"，是"死命令"，是要绝对服从的。没有如果可讲，并不含有"如果你要别人相信你或尊重你，则做人要诚信"的意思。因为诚信是人的一种美德，而不是为了其他有利于自己的目的，所以我们不能背叛别人，也不应做不道德的事情。信任的自我维持对人的道德水平提出了很高的要求，所以难以对大多数人形成约束。

（二）人际关系约束

人际关系约束是主要的维持信任机制。高信任与下列因素有关：对他人的了解程度较高，重复交际的概率很高，交往的非单一性，即有大量的社会关系进入交际过程中。例如，现在甲和乙做买卖，下次乙找甲的朋友借钱，如此多方面的交换和依赖，使得双方都有互利或互害的时候，能够在必要时惩罚对方，这就构成了相互间的有效约束。如果有人违反了法律、习俗、道德等，一般很难逃避惩罚。这样的监督关系能起到维持交际秩序的作用。因此，紧密的社会关系网络是信任的有效保护机制。在这种机制的约束下，较高的信任关系得以存在。

关系运作是中国人建立信任的主要机制。在社会交往中，关系的主要功能在于它保证交往各阶段所需要的信任。关系意味着相互的义务，而义务感会使人做出值得信任的行为。相互回报性的义务是关系的核心因素。一个人如果不履行自己的义务，不仅会受到别人的谴责，而且可能会付出极大的代价——失去关系网及其中所包含的社会资源。既然关系中蕴涵的义务对个人行为有如此大的制约作用，那么信任的建立和维持就可以通过关系网的建立和发展来实现。关系运作不仅包括利用关系网或请客送礼等方法，还有相互尊重、交流思想感情等情感色彩较浓的方法。不同的关系运作方法有不同的适用范围。在长期合作关系中，加深情感关系的运作方法较受重视，而在一次性交往中，利用关系网或利益给予的关系运作方法较受重视。

（三）组织约束

如果交往范围扩大到紧密的社会关系之外，另一种机制就开始被使用，这就是组织约束。这意味着社会行动者被组织起来，个人进入一个组织中，组织监督着它的成员。由于监督的实施由组织承担，约束效力就取决于两个因素：组织的角色、成员对组织的依赖程度。组织的角色主要指它是否愿意承担维持社会整体秩序的责任。成员对组织的依赖程度是指个人在组织资源之外选择的自由度。如果与个人关系重大的需要主要来自组织，又缺少其他的获取渠道，组织对他/她的约束就相当有效，可以用减少满足其需要作为制裁手段，让损害秩序的人（如欺骗者）受到惩罚。

在这样的条件下，交往的规模可以扩大到众多的陌生人之间，交往可以是一次性的、单一的。交往的双方不必了解对方的很多信息，只要确定对方所在的组织，信任关系就建立起来了。组织约束是比人际关系约束更广泛和正式的维持信任的手段。

（四）制度约束

信任包括两部分内容：一是对他人的信任；二是对维持信任机制的信任。缺少其中任何一个部分，信任都是不完全的。一个社会的普遍信任状况与信任维持机制的效力相关。维持机制是信任的"保障体系"。社会机制作为维持信任的强制性手段存在，它们替代和补充了个人信任的不充分，确保失信行为出现时，给予受损者追究和补偿的机会。社会机制通过影响失信行为的成本（使之增加或减少），使人们做出维持信任的行动选择。守信得利、失信受损，由此保证互动的秩序。社会约束机制可以在一定程度上降低风险，营造一定的信任氛围，约束机制的效用与信任程度成正比。

三、人际信任的修复

（一）信任修复的内涵

由于对信任的定义不同，因此信任修复也可以从多方面来理解。有人认为，信任应包含两个要素：一是在面对风险时，信任方愿意使自己处于受被信任方影响的状态，即信任意向；二是信任方对被信任方可信度的判断，即信任信念。根据这两个要素，把信任修复定义为在违背信任的行为发生之后，使信任方的信任意向和信任信念朝非消极的方向发展的过程。也有人认为，信任的影响因素包括认知和情感两个方面，且信任方的自我知觉过程受到信任行为的影响，继而影响信任水平。因此，笔者认为，信任修复与修复过程中信任方的认知（对被信任方的信任信念和信任意向）、情感（修复过程中对被信任方的积极或消极的态度）和行为（采取合作或不合作行为）三个方面有关。

对应以上信任修复的要素，信任修复的重要过程是建立信任意向和积极的信任信念，同时培养信任方对被信任方积极的情感。在对信任修复结果的讨论中需要考虑以下关键问题：第一，信任是否可以被彻底修复？已有的研究基本没有做前测和后测比较，所以，无法将失信前的信任水平和修复后的信任水平相比较，在这个问题上也就无法得到准确的答案，"恢复"和"修复"在研究中经常被混淆。一般认为信任可以得到一定程度的修复，但不可能恢复到原来的水平。第二，会不会出现在某些方面信任而在其他方面不信任这种复杂情况？大多数学者认为，信任和不信任是相互独立的。在人际关系中，关系双方之间的相互影响是相当复杂的，在信任修复过程中也很难做到将信任和不信任完全分离。

（二）信任修复的策略

对信任修复研究的重点是信任的修复方式。根据已有研究可以把信任修复方式分为两种：第一，寻找新的区别于以往的修复方式；第二，考虑在不同情境下，提高修复的效果。研究者已经提出的信任修复方式如下：道歉、否认、解释、承诺、沉默、补偿、自愿抵押担保、自我惩罚等。提供抵押物品可以减少机会主义行为，降低风险，继而提高可信赖性。自愿提供抵押物品比强制提供抵押物品更能够使人感觉到对方遵守承诺、约束自己行为的动机和意图。口头解释对信任修复中的情绪反应和合作行为有积极作用；提供实质性的惩罚比仅仅口头道歉有效果；惩罚力度的强弱对信任修复的影响程度较小；如果把主动权给受害方，受害方通常会提出少于自己实际损失的补偿要求，并且这种做法对修复效果有积极作用。

在初始信任修复过程中,修复方式对初始善意信任有显著影响;在后续信任修复中,修复方式和有无欺骗交互影响后续善意信任信念和后续正直信念,并且将信任修复看作初始信任与后续信任修复所组成的动态修复过程。

相同的修复方式,在不同情境中,修复效果会存在显著差异。近来研究者更加关注修复方式与情境因素的结合。在品质信任违背条件下,道歉不如否认有效,内部归因道歉不如外部归因道歉有效。在能力信任违背条件下,否认不如道歉有效,外部归因道歉不如内部归因道歉有效。沉默发挥的作用不受信任违背类型的影响,总是处于中间状态。从归因的角度分析信任修复,发现更加容易修复的是能力信任的破坏,修复较困难的是真诚和善意信任的破坏,该类信任破坏受到归因的稳定性与可控性的影响。因此,信任修复的策略应将信任违背的发生归因于不稳定性、不可控性和外在因素,防止破坏信任方对违背方的真诚和善意的认知。

也有学者认为,信任违背的程度不同,修复难度也会逐渐增加,据此将信任违背分为谋算型信任违背、了解型信任违背以及认同型信任违背三种。认同信任的基础是价值观的共享。了解型信任出于对他人行为的预测性;谋算型信任出现在关系初期阶段。也就是说,如果信任违背事件与价值观相悖,并且信任方觉得受到很大伤害,这种信任违背在修复时会相当困难。由于首因效应的影响,如果在信任建立初期,出现信任违背现象,信任方得到的第一印象会很恶劣。

总之,信任修复受到诸多因素的影响,如信任修复策略、信任违背类型、原有信任水平的高低、造成信任方损失的大小、信任违背时间、信任方和被信任方的人格特征等。

第四节　人际信任的测量

一、人际信任量表

（一）信赖他人量表

信赖他人量表用于对一般人的诚实、可信性、慷慨、善良和友爱等本性进行测量，测量受试者对他人是否有信心。信赖他人量表包括 2 个选择性题目和 3 个判断性题目，反向计分，分数越高，受试者对他人越缺乏信心。大量研究证明，信赖他人量表的信度和效度较好。

（二）同伴信任量表

同伴信任量表主要对关系密切者的相互信任程度进行测量。同伴信任量表使用 7 级评分法，1 分代表完全不同意，7 分代表完全同意，总分分布在 18 分至 126 分之间，中间值为 72 分。同伴信任量表的信度和效度较好，在国内外得到广泛应用。

二、行为游戏

测量信任常用的研究方法就是使用行为游戏。行为游戏包括囚徒两难游戏、最后通牒游戏和信任游戏。

（一）囚徒两难游戏

有两个被逮捕的刑事罪犯被分别羁押，在不知道另一个人选择的情况下，每一个罪犯必须选择认罪或不认罪，指证他的同伙。如果一个人同意指证另一个人（叛变），而另一个人拒绝指证他（合作），叛徒会自由，合作者会被判 10 年的刑期。如果两个人都拒绝指证对方，两个人都会因为小罪被判入狱 6 个月。但是，如果两个人都叛变，两个人都会被判 5 年的刑期。

因徒两难中存在收益，以便一个被试协作而另一个被试背叛时产生最高收益，协作者失去的东西应是背叛者获得的东西。如果两个人都背叛，就会出现最低收益；如果两个人都合作，会比两个人都背叛收益多。

（二）最后通牒游戏

在信任相关研究中，最后通牒游戏是常用的行为游戏。在这一配对玩家游戏中，给玩家 1 一些本钱，允许他选择是否要分给玩家 2 一部分本钱。如果玩家 1 给玩家 2 一部分本钱，玩家 2 可以接受，也可以拒绝这种分配比例。然而，如果玩家 2 拒绝分配方案，两个玩家都不会得到本钱。在这一游戏中，玩家 2 应该接受玩家 1 对初始本钱任何分配比例的提案，因为有收益总比没有收益要好。实际上，许多玩家会拒绝自认为"不公平"的分配方案，争取公平的分配方案，即公平的分配方案是每个人分得一半的本钱。

（三）信任游戏

信任游戏也是一个配对玩家游戏，一个玩家扮演"投资者"，另一个玩家扮演"受托人"。两个人都得到本金，允许投资者把自己的本金分一部分给受托人。如果投资者选择分一部分本金给受托人，受托人将得到分享部分三倍的钱（例如，投资者给受托人10 元，受托人就可以得到 30 元）。受托人也可以选择是否把部分得到的钱返还给投资者。这个游戏可以玩一次就结束，也可以循环多次。

行为游戏得到一些研究者的赞同，这些研究者把信任看作纯经济决策，因为每次决策的收益都非常清楚。但是，行为游戏也存在很多问题，具体如下：

第一，存在着明显的"生态学效度"问题。在两难游戏中，很难辨别行为是信任起作用的结果，抑或是由于"协作"或"合作"这样较一般的过程引起的。使用这些游戏的研究者承认，日常生活中信任的含义和"囚徒困境"架构中信任的含义是不一样的。

第二，即使这类游戏与真实世界接近，具有生态学效度，游戏中的"互惠""协作""合作"可以作为信任的代名词吗？没有协作存在信任吗？或者说没有信任，协作性的决策会出现吗？相对信任来说，协作更常见且更容易得到。

第五章　人际吸引

第一节　人际吸引的理论

　　人际吸引，又称人际魅力，是指人与人之间在情感方面相互喜欢和亲和的现象，即一个人对他人所持的积极态度。这种情感占优势的特殊人际关系形式就是人际吸引。在心理学中，人际吸引属于人际知觉的一个领域，它使个体处于一种积极的心理状态，对满足个体的人际需求、建立良好的人际关系具有重要的指导意义。对此，心理学家进行了一系列实验并提出了许多理论来解释这种现象。这些理论大致可以归为两类：一类是强化的，这类理论强调人们对周围世界评价时的情绪反应，把个体视为非理性的、非逻辑的、常常依据感情来行事的情感人；另一类是认知的，强调人们对周围世界评价时所经历的思维过程，把个体视为理性的、按逻辑办事的理智人。

一、强化理论

　　强化是一个心理学术语，它是指行为与影响行为的环境（包括行为产生的前因和后果）之间的关系，也就是通过不断改变环境刺激达到提高或减少某种行为产生频率的过程。这个过程借助奖励、惩罚等强化方式来实现。强化理论以强化概念为核心，试图揭示情感强化和人际吸引之间的关系，这种关系可以用伯恩（D. Byrne）和克洛拉（G. L. Clore）的情感强化理论加以说明。

　　伯恩和克洛拉认为，评价任何人或事物（包括交往对象），都是基于其所引起的肯定或否定、满意或不满意的情感评价，以及由此激发的对交往者喜欢或厌恶的程度，这是进行再次交往的基础。如果处于肯定评价阶段，就会产生对对方的好感或喜欢；如果处于否定评价阶段，就会产生对对方的反感或厌恶，而且这种印象一旦形成后，就会构成一种心理准备状态，很难一下子改变。因此，人际关系中会出现首因效应。首因效应，即第一印象的作用较大，持续的时间也较长，对事物整个印象产生的作用比以后得到的信息更强。这是因为人对事物的整体印象一般是以第一印象为中心而形成的。研究表明，当人们根据一系列信息去知觉某一认识对象时，最初得到的信息比以后得到的信息具有更多优势。人们对开始知觉到的信息较为重视并以此为依据对刺激对象进行评估，然后决定随后的行为。在人际交往中，对人的认识和评价也往往是从第一印象的强化开始的。

强化理论还认为，人际吸引的强弱和奖罚有相应的关系。如果与交往对象接触之后紧跟着奖励，如表扬、称赞、报答等，就会产生对对方的喜爱之情，与对方建立良好的人际关系，而他/她的行为在一定程度上得到强化，就会形成稳固的心理特征而积淀下来，从而在人际关系中表现得得心应手、游刃有余。相反，如果与交往对象接触之后紧跟着惩罚，如批评、讽刺、谩骂等，就会产生对对方的厌恶与反感，失去与对方交往的热情。这种情感上的挫折会打击交际双方下一次交往的积极性。总之，人们喜欢给他们带来奖励的人，而不喜欢给他们带来惩罚的人。

二、相互作用论

相互作用论着重探讨交往双方相互影响、相互制约对人际吸引的影响。相互作用是指两个个体在相互交往中经常感到情感上的满足和安定，并且非常乐意继续与对方交往，他们之间容易建立良好的人际关系。个体对对方来说有一种难以言喻的吸引力，这是一种互酬行为或者报答行为。我注意听你讲话，你也重视我的意见；我有事找你商量，你有事找我帮忙；相互尊敬，相互喜爱，相互称赞，相互报答。并且，这种行为大多在对方没有准备的条件下表现出来，显得自然、贴切、毫不做作，因此，富有说服力。但是，一旦双方中任何一方对交往不满意时，这种关系就会受到损害，进而影响两人之间的继续交往，要建立良好的人际关系就比较困难了。

莱文格（G. Levinger）和斯诺克（J. D. Snoek）把上述关系确定为一个有规律的逐步发展的过程，与双方为交往作出的共同努力有关。研究者通过调查研究，试图用各种客观的指标（如时间、交往频率、交往强度等）区分各种不同的人际吸引等级。他们用 0 表示毫无接触的交往关系，即两个毫无关系的人，如街上擦肩而过的行人就是这样。用 1 表示知道对方一些情况，或者是单方面留下的态度或印象，没有任何交往行为，如男人对漂亮女人的单相思等。用 2 表示表面接触，了解双方的态度，有一面之交或偶然有些交往，如舞场上的舞伴等。用 3 表示一种相互亲近的关系，如朋友、夫妻、亲戚、同乡等。而上述人际关系的建立又可以视为一个连续发展的交往过程，有浅交、深交、知交之分。根据这一观点，可以确定人们之间相互关系的发展水平，了解人际吸引的强弱。显然，在相互作用理论中，人际吸引是由弱到强的。实际上，这是人们对人际交往勾勒的理想模式。在现实生活中，人与人之间的交往是非常复杂的，有时候多种交往水平交织在一起，所以，我们要坚持具体情况具体分析的原则，以免贸然下结论，影响对人际吸引的正确判断，进而影响双方的人际关系。

三、得失理论

得失理论是美国社会心理学家阿伦森（L. P. Aronson）提出来的。他认为，在人际关系中，一成不变地讲好话并没有比先讲坏话再慢慢地改变成讲好话的情形更吸引人、讨人喜欢。我们对这样的人的喜欢程度会比我们喜欢那些一直说我们好话的人更强一些。这种先贬后扬的吸引效应就是人际关系中存在的得与失现象。和谐的人际关系就是要使这种得与失达到平衡。阿伦森认为，个体的外貌特征和个性心理特点对人际交往影响很大。有时，这些特点能使对方决定是否进行交往以及交往所进行的程度。但不可否定，人的主观意识，如对一个人的评价，对交往动机、目的的预测，对交往行为的估计，个人的偏好等，在人际关系建立过程中起着更为重要的作用。这里，最重要的是个体主观评价的过程，得与失就是在主观评价过程中产生的。如果评价高，双方就会继续交往；否则，双方就会终止交往关系。

在人们的相互交往中，交往者的自尊心和自我意识往往直接与他人的反应以及他人如何对待这种反应有关。人们是在与别人的比较中真正认识自己、发现自己的，这种认识、比较过程就会产生判断、评价。由于人们在交往中对他人的期望与他人的实际表现往往并不是完全吻合，于是就产生了得与失的矛盾。在"得"的情况下，人们乐意继续交往，在"失"的情况下，人们就会重新考察交往对象，但结果是得与失的矛盾在建立良好的人际关系过程中得到解决。实际上，这个过程是很多人所不曾意识到的，但是，人们确实在交往中注入了这种主观性的东西。

得失理论认为，当交往中别人对自己的评价有所改变时，更能影响自己对对方的态度。因此，交往中的评价、判断等主观意识显得非常重要。每个人都在对对方进行评价，这是进一步交往的准备，是建立良好人际关系所不可缺少的。在交往者主观判断为"得"的情况下，我们对赞扬我们的人、尊重我们的人、喜欢我们的人会产生更多的好感，乐意和其建立并保持良好的人际关系。而在交往者主观判断为"失"的情况下，我们对经常看不起我们的人，批评、指责我们的人，我们也会采取同样的行为，这样就会越来越失去交往的动机，导致人际吸引的反面——人际排斥，使人际关系显得紧张、复杂化。

得失理论是否恰当，必须考虑两个因素：一是得失的评价应该明白地显示出批评者在基本态度上有了改变；二是态度的改变必须是逐渐的，而不是突然的，突然的改变容易引起疑心和困扰，从而影响人际吸引。

四、相等理论

相等理论属于社会交换理论的变式。相等理论认为，以最小的代价换取最大的报酬是天经地义的事情，是一般人孜孜以求的行为目标。人人都希望做一本万利的事情，寻求并维持报酬大于代价的人际关系。然而，在现实生活中，人们往往是以代价和报酬的相等来衡量自己的人际关系的。人们希望在交往中自己的代价和报酬自始至终保持平衡，投入与支出相匹配，以此作为衡量人际关系吸引力的尺度。如果在交往中代价和报酬是相等的或者得到的利润是正的，那么交往的另一方对人们来说就具有吸引力，就愿意继续交往下去；反之，对人们而言，就会失去交往的欲望和动机。

相等理论认为，两个人之间关系的建立、维持和发展，要看当事人觉得这种关系的维持是否对双方都有益处，即建立人际关系要看交往双方是否获利、是否有需要，从而决定自己的交往行为。如果双方感到友谊的存在，并且彼此可以从中获得好处，那么这种友谊的存在就会使双方都得到心理上的满足，双方的关系就可以继续维持下去，双方都愿意与对方交往，都愿意建立良好的人际关系。在对方看来，交往者就具有某种吸引力。毫无疑问，这显然是一种功利主义的态度。

第二节　人际吸引的影响因素

决定人际吸引的因素是错综复杂的。许多社会心理学家对人际吸引的因素进行了研究并提出了影响人际吸引的因素群。1961 年，美国社会心理学家奥尔波特（G. W. Allport）对一群素不相识的人的首次集会进行了人际吸引的研究，发现人际吸引受多种因素的影响并在这些因素的影响下形成了一种动力系统。诸如，具有类似的信念、态度、价值观和个性心理特征，能满足人们的需要，具有身体方面的吸引力，有能力和才干，令人愉快或能为人接受，能报答人们对他/她的喜欢，在空间位置上接近，职业、地位、收入、年龄、性别和生活目标的相似等，这些因素群影响着人际吸引。对这些因素群进行概括，笔者认为影响人际吸引的主要因素有三类，即情境因素、个人特质因素、相似与互补因素。

一、情境因素

人与人之间的关系是在一定的情境因素下展开的。情境因素作为人际关系的有效载体，反映了人际关系的结构与性质。情境因素包括距离、交往频率、交往中的集群性和个体的情绪体验等。

（一）距离

距离是影响人际吸引的一个重要因素。如果其他一切条件不变，个体与个体之间、群体与群体之间，距离越接近，交往的频率可能就越高，越容易建立良好的人际关系，正所谓"远亲不如近邻"。一般来说，与自己的同学、同事、同乡、邻居等接近的机会多，交往的机会多，就容易产生好感和建立友谊。

凡是地理位置相对接近者，自然容易激发人际交往。距离的远近对人际关系的影响，尤其在一些被自然地理区域隔开的住宅区里表现得更加明显。与距离较远的人建立或保持友谊就显得比较困难。

近距离更能导致人际吸引，部分原因可能是由于熟悉，同时，简单的人际互动也会提高彼此的好感。对此，社会心理学家的解释是"离得近的人会比离得远的人更有用"。因为离得近，交往的机会多，刺激频率高，成为朋友就比较容易。一个人和我们住得越近，我们就越有机会了解他/她，也就越能成为朋友。

人们对连续相互作用的期望也是一个重要因素。如果有人住在隔壁，我们会经常接触他/她，就努力想让接触愉快一些，于是总是试图说服自己，这个环境是令人愉快的，这个人是令人喜爱的，至少不特别让人难受。如果人们期望和邻居保持友好关系，就会对邻居作出积极的评价，夸大邻居的积极品质。对邻居来说，这样的交往者是富有魅力的。同时，由于近距离的双方经常接触，互相了解，容易预测他人的行为，因此，能常常发生适宜的反应，促进相互关系的发展。

另外，根据人们的经验，交往时距离接近可以节约时间和精力，使双方不会感到个人负担过重。随着交往机会的增多、相互熟悉程度的提高，彼此互有好感，人际吸引就会增强。需要注意的是，物理距离并不是形成人际关系的主要因素。心理学家在人际吸引的研究领域中夸大物理距离的影响力，是不符合实际情况的。物理距离只是影响人际关系的众多因素之一。

（二）交往频率

交往频率是指人们互相接触次数的多少。一般来说，人们彼此之间交往频率越高，刺激对方的机会越多，重复呈现的次数越多，越容易形成较为亲密的关系。交往频率提高，容易形成共同的经验，有共同的话题、共同的兴趣。对素不相识的人们来说，交往频率在人际关系形成的初期起着重要作用。心理学家对此进行了实验研究，他们以推销某种饮料为借口，要求互不相识的女孩去不同的房间走动，使她们有不同次数的见面机会。实验要求她们在见面时不许谈话，然后实验者要求她们评定对不同对象的喜欢程度。结果表明，见面次数的多少与相互吸引的程度成正相关。见面的机会越多，相互喜欢的机会就越大。而且，当人们越来越熟悉，对对方行为的预测也会更加准确。由于不确定性的减少，使得我们在对方出现的时候感觉更加舒适。另外，我们会理所当然地认为与自己经常见面的人与自己更为相似。然而，我们应该注意到，上述心理学家的研究过于夸大交往频率对人际吸引的作用，他们把研究重点放在交往的次数上，重视交往的形式，而忽略了交往的内容、性质和动机，这是不恰当的。实际上，人们交往的内容、性质和动机比交往的次数更加重要。

（三）结群或集群性

人是一种群居性动物。从人类社会诞生起，人们就开始结成群体进行活动，共同努力奋斗来获得大自然的庇护，满足生存、安全和归属的需要。因此，社会心理学的创始人之一麦独孤（W. McDougall）认为，人有群居的本能并把它解释为是由生物遗传特性所决定的。当然，这种观点是片面的。然而，我们不得不承认，结群的需求确实是一种很普遍的现象，不仅人类如此，其他动物也是如此，不过人类的这种需求有相当大的个体差异。例如，有些人喜欢社交，有些人喜欢独处；有些人喜欢活动，有些人喜欢静思。对不同的人来说，在不同的时间和场合所表现出来的结群需求也就有所变化，这使得人类的结群性远比动物的结群性高级和复杂。

需要是使人产生某种行为的内在动机，是行为的先兆。因此，在交往过程中，如果两人的物理距离比较接近，而且交往者又有结群的需要时，交往的机会便会大大增加，双方都表现出交往的主动性和积极性，并且在交往过程中热情地回应对方，使对方也沉浸在交往的热烈气氛中，这就使人际关系显得轻松、愉快。反之，如果双方无意进行接触，虽然物理距离很近，也会因擦肩而过而错失良机，这种情况也是经常发生的。

（四）情绪体验

人际交往中的情绪体验也是导致人际吸引的一个重要因素。情绪体验着重表现在对交往对象的态度上，如印象的好坏等。研究表明，情绪状态在很多时候影响人际吸引。总之，我们喜欢那些喜欢我们的人以及能带给我们愉快体验的人。

克洛拉和伯恩用实验证明：个体的情绪体验是决定人际吸引的主要因素。日常生活中，如果一个人的存在能使别人感到舒服，人们就会喜欢这个人，而那些使别人感到焦虑的交往对象，则会引起人们的反感。个人的情绪是受多种因素影响的，特别是交往情境因素会左右我们的情绪体验，而这些情绪反应又会影响人际吸引力。

情绪体验确实影响人们对一个人的评价，虽然这种评价有时带有浓厚的主观色彩，受个人的知识、经验、个性等因素的影响，但是人们的确在有意或无意地进行评价，对交往对象进行选择。问题在于我们应该进行适当的自我控制和调节，尽量客观评价交往对象。例如，我们一般喜欢乐天派，受他们情绪的感染，我们感觉轻松、愉快，喜欢和他们待在一起。这样的过程经过不断强化，就会增强他们对我们的吸引力。一旦碰到一个悲伤、忧愁和焦虑的人，我们就会退避三舍，丧失与他/她交往的动机。

二、个人特质因素

个人特质是导致人际吸引的重要因素。个人特质包括个体的外貌、能力以及个性品质，这些因素对人际关系的影响是通过个体的心理内化来实现的。

（一）外貌

爱美是人的天性，无论是在哪种文化背景下，美貌都是一种财富，令人神往。此外，人们还认为，漂亮的人具有其他方面好的品质，能产生外貌的"辐射效应"。美貌是一种资源，我们应该倍加珍惜，但不应无限夸大外貌对人际吸引的作用。一方面，因为美貌易逝，人们不可能青春常驻；另一方面，对成年人来说，外貌吸引是表面的，在了解某人的内心后，它通常变得没有那么重要。没有丰富内涵的外表美是缺乏吸引力的，它很少成为建立长期关系的基础。因此，我们应该理智地看待外貌的吸引力。一个人不仅要有外在美，更重要的是要有内在美，这样，才能更持久地吸引他人。

（二）能力

在其他条件相同的情况下，聪明的人容易受到人们的喜欢。一个人越有能力，人们就越喜欢他/她。为什么有能力的人更吸引人，可能是因为人们与有才能的人在一起，可以少犯错误，觉得更安全。然而，能力对人际交往的影响是相当复杂的。有研究表明，在一个解决问题的小组中，那些被认为最有能力的人并不是最讨人喜欢的。此种情境，可能是他人的超凡才能给自己带来了压力，从而导致自己对其敬而远之。能力与被人喜欢的程度在一定限度内是呈正比例关系的。心理学中有一种效应被称为"仰巴脚效应"，也称为"犯错误效应"或"白璧微瑕效应"，是指小小的错误反而会使有才能的人的人际吸引力增强。

（三）个性品质

良好的个性品质有着无与伦比的吸引力，而且，这种吸引力是持久、稳定和深刻的。在其他方面一样的情况下，如果有人诚实、正直、乐于助人、友好、和善，而不奸诈狡猾、损人利己、敌对冷酷，那么人们就会产生喜欢他/她的倾向。说得具体些，男子吸引人的个性品质是勇敢、创造、不屈不挠、宽宏大量、胸怀坦荡、不拘小节、理智、正直、忠诚、有思想、思维灵活、事业心强等，而女子吸引人的个性品质是温柔、体贴、善解人意、富有同情心、为人随和、有正义感、待人真诚、开朗活泼等。无论是男性还是女性，最有吸引力的个性品质都是真诚。个性品质的吸引实际上是个体人格美的具体表现。人们经常说外表美取悦一时，而心灵美是经久不衰的，这里的心灵美是指个性品质。日常生活经验告诉我们，一个人只有美的心灵，才会真正受人欢迎。

三、相似与互补因素

导致人际吸引的除以上因素外，还有相似与互补因素。交往双方态度的相似，兴趣、爱好、价值观的一致，需要或个性的互补等因素，都会影响人际吸引的深度和强度。

（一）相似性

相似性包括许多方面，如态度、信念、兴趣、爱好、价值观等的相似，人们更喜欢那些态度相似的人。另外，同年龄、同性别、同学历和同经历的人容易相处；行为动机、立场观点、处世态度、追求目标、个人爱好一致的人容易相互支持；具有共同信念、情投意合的人容易建立亲密关系。例如，夫妻相似的程度越大，生活就越幸福，离异的可能性越小，各自性格改变的部分也就越少。同阶层、同民族、同行业、同国籍的人容易产生好感。总之，人们喜欢和与自己相似的人交往并总是以自己的模式要求别人。

为什么相似性能导致人际吸引？有研究者认为，相似性的作用在于提供同另一个人一起从事令人愉快活动的基础，使相互间的矛盾和冲突保持在最低水平，使自己更自信、使对方看起来更通情达理。实际上，相似性不仅是人际吸引的原因，也是人际吸引的结果。一项纵向研究发现，结婚超过二十一年的伴侣在心智能力、人格特征（如语言流畅性、归纳性思维等）方面的表现比刚结婚时更为相似，这表明相似性在开始时促使两个人走到一起，随着关系的进一步发展，他们会分享更多的观点和经验，使得他们越来越相似。

（二）互补性

需要或个性的互补性是指双方在交往过程中获得互相满足的心理状态，它是构成人际关系的重要因素之一。当双方的需求或个性互补时，就能形成强烈的吸引力。这里涉及交往者的动机和目的问题。例如，一个有支配性格的人易和被动型的人相处，他们会相互喜欢，建立并维持友谊；独断专行者和优柔寡断的人会成为好朋友；活泼健谈的人和沉默寡言的人会结成亲密的伙伴。这是因为彼此之间可以取长补短，互相满足对方的要求。笔者认为，个性的互补无疑是导致人际吸引的一个原因，但不是根本原因。因为只有人们的世界观、价值观和人生观具有一致性，才会导致真正的人际吸引。同志首先应该是志同道合，然后才会去追求其他方面的和谐。

第三节　人际吸引的形式

一、亲和

（一）亲和动机

亲和需求是指个体寻求和保持积极人际关系的愿望，是人际交往的动机之一。亲和动机促使个体在社会生活中与他人亲近、交流，以获得他人的关心、理解、合作，是一种重要的社会性动机。当它引发的亲和行为得以顺利进行时，个体就感到安全、温暖、有信心；当它引发的亲和行为不能顺利进行时，个体就感到孤独、无助、焦虑和恐惧。

（二）亲和的具体目标

1.消除恐惧

对绝对孤立状态下的人进行的个案研究（例如，遇难船只上的幸存者、感觉剥夺实验中的被试等），显示了许多相同之处。几乎所有关于长时间孤独隔离的报道，都包括有突然的恐惧感描写和类似焦虑症发作的情感状态。在一定限度内，隔离时间越长，产生的恐惧和忧虑就越重。虽然，从这些观察中不可能推断出任何确定的因果关系，但它使人们感到恐惧与人类的合群、社交行为和行为倾向可能存在着密切的关联性。

研究发现，高度恐惧的人更愿意与他人在一起。人们身处危险、害怕、恐惧情境时，往往希望有他人陪伴，愿意跟他人待在一起，寻求他们的物质和精神支持，来摆脱当前的不利处境。人们之所以选择合群行为，确实是为了满足沟通情感、交换信息的交往需要。总之，是为了消除恐惧而和他人在一起的。

需要说明的是，在现实生活中，我们常常交替使用"恐惧"和"忧虑"这两个概念或将其混为一谈，但在心理学中它们指的是完全不同的情感。弗洛伊德（S. Freud）认为，害怕现实的对象或伤害行为的来源叫恐惧；对没有真正危险的害怕叫忧虑。这两种不同的情感与个体社交倾向性的联系是不同的。恐惧导致合群倾向增加，忧虑导致合群倾向减少，这是因为他人是舒适与窘迫的根源，当我们指望他人提供舒适环境时，就会寻找他人；当我们认为窘迫时，就会回避他人。与他人融合在一起通常能减少恐惧，所以，恐惧感很强时，人们就会寻求与他人的联系作为减少恐惧的一种手段，但和他人在一起又会增加忧虑，因而忧虑重重时，人们又会回避与人交往。

2.进行社会比较

人类有一种估计和评价自己的内驱力。在缺乏客观标准和社会标准的情况下，人们将通过与他人的对比来评估自己。人类的社会比较需要是导致交往倾向的因素之一。在情绪情感的决策方面尤其需要运用社会比较。因为在现实生活中，很难有客观标准去说明一个人的情感是否适合一种情境，所以他人就成了信息传播的主要甚至是唯一源泉。可见，社会比较的欲望是社交行为另一个潜在的原因。而且，一个人越是不能确定自己的情感，就越希望与别人合群，以便降低这种不确定性。

3.获得人际资源

在高度分工的现代社会，个体要生存和发展，就必须跟其他人交换劳动。社会交换理论认为，个体之间交往是出于社会资源交换的需要。跟他人在一起，个体需要付出时间代价，需要消耗精力或付出财力等，但也可以获得有潜在价值的回报。人际资源包含的内容非常丰富，既有物质层面的，也有精神层面的。总的来说，跟他人在一起可以提供六种重要的回报。

（1）依恋

依恋指亲密的人际关系给个体提供的安全感、舒适感。

（2）社会整合

通过与他人交往，与他人拥有相同的观点和态度，产生团体归属感。

（3）价值保证

得到别人支持时所产生的自己有能力、有价值的感觉。

（4）可靠的同盟感

通过与他人建立良好的关系，意识到当自己需要帮助时，他人会伸出援手。

（5）得到指导

与他人交往可以使我们从他人那里获得有价值的指导。

（6）受教育机会

与他人交往能够使我们有机会接受来自他人的教育。

亲和动机驱动的人际交往行为是人际关系发展的初始阶段，是友谊和爱情的前提条件。

二、合作

日常生活中，除了亲和，还有一种较为广泛的人际吸引，那就是合作。因为个体或群体许多利益都需要通过个体间的协同努力才能实现，这时人们就必须进行合作。

（一）合作的概念和原因

1.合作的概念

合作是个体与个体之间为了达到共同目的一起工作或行动的过程。合作使不同的个体为了共同的目标而协同活动，促使某种既有利于自己又有利于他人的结果得以实现。合作的结果是共享其利或各得其利。合作是多个个体为了实现共同目标而走到一起。

2.合作的原因

日常生活中，人们常常基于自己的利益作出行为决策。社会情境中，在没有特别引导的情况下，人们更倾向于优先选择竞争的行为方式，即使竞争的远景后果显然不利于大家的利益时，也是如此。

人与人之间互动的行为结果可以分为三种：一是纯冲突，如一方赢，另一方必定输；二是纯合作，即双方一起赢或一起输，双方利益一致；三是既有合作又有冲突。人际交往究竟采取什么方式取决于双方有没有共同利益或共同利益的多少。

有人针对合作问题做了相关实验，将被试分为合作组和竞争组，并给每个组提出两个问题让他们去解决。对合作组说，他们是作为一个组来评分的，即每人分数一样；告诉竞争组，他们的分数按个人的成就分别评分，只有一个最高分。实验结果表明，合作组成员表现出更大的相互依赖感、更大的协调一致，有很高的动机和兴趣，工作的质量和数量都超过竞争组。

（二）影响合作的因素

1.相互作用的次数

有这样一个实验：两个人分别坐在两间小屋内，每个人面前各有两个按钮，一个是黑色的按钮，一个是红色的按钮，要求被试按其中一个按钮。如果两个人都选择按黑色的按钮，则各赢1元；如果两个人都选择按红色的按钮，则各输1元；如果一人选择按红色的按钮，另一人选择按黑色的按钮，则按红色按钮的人赢3元，按黑色按钮的人输

2元。结果发现一个有趣的现象：如果要求两人做一次这样的游戏比重复多次这样的游戏更倾向于形成竞争关系。因为只做一次这样的游戏，被试不需要考虑未来的行为，所以更多地利用对方来获取自己的最大利益——双方选择按红色的按钮，而实际上双方都输。多次重复这种游戏，双方知道了对方每次可能的选择，于是尝试着进行合作。虽然合作双方少得一些好处，但对双方都有利。如果一方想牺牲对方，多得好处，会让对方以牙还牙，则对双方都不利。

2.奖励

根据被试在实验中的不同表现而给予相应的奖励，随着奖励的内容以及额度的不同，被试选择合作或者竞争的趋势就会发生相应的变化。在大多数研究中，只是给予实验被试分数上的奖励或者虚拟的金钱或者可能是数量很少的金钱，对被试来说，在实验中表现得好与表现得不好并没有实质上的差别。因此，他们超越竞争对手的心理倾向远远超过通过合作赢得金钱的心理倾向。然而，当奖励额度较大，被试可以得到更多金钱时，那么赢得金钱的心理倾向就会相对表现得更强烈。

总而言之，奖励对合作或竞争倾向的影响是极为复杂的。在一定情况下，增加报酬对合作影响不大，但减少报酬则使人们倾向于竞争。研究者认为，实际上，游戏的参与者有两种不同的动机，一种是赢得金钱，另一种是超越别人。当报酬减少，从而赢得金钱的动机退居次要位置时，人们的行为主要受超越别人的动机引导，从而竞争倾向增强。有时，即使酬金比较高，人们也有强烈的竞争倾向，这说明超越别人的动机是非常强烈的，从另一个侧面确认了人们进行社会比较的动机倾向。

3.奖励方式

一方面，奖励方式是指运用何种方式强化行为的结果，涉及奖励类型，如分数、表扬或物质性鼓励；奖励频数，如奖励间隔时间的长短、奖励数量的多少等；奖励的可接受性，如直接奖励或间接奖励；奖励的对象，如面向全体、小组或个人。

另一方面，奖励方式是指人际奖励的互赖性。人际奖励方式是指同伴的成绩之于个体的重要性。在竞争性的奖励方式中，若按照正态曲线对学生进行评定，一个学生的成功注定了别人相对应的失败。因为在竞争性的奖励方式中，别人的成功就是自己的失败，是负向的奖励方式；反之，在合作性的奖励方式中，一个人的成功同时会帮助别人成功，人们之间存在着一种正向的互赖关系。

另外，群体成员的价值取向对群体合作行为有着显著影响，合作型群体成员会产生更多的群体合作行为。群体合作行为也会受到合作者对应策略的影响，以德报德和以德报怨的对应策略会引发较多的合作行为。

总之，任务结构、群体规模、群体成员投入程度、成员之间的沟通、对他人行为的期望、道德标准、个体价值取向、任务目标等因素都会影响群体合作行为。

4.信息沟通

在没有威胁的情况下，自由交流信息会增加合作。在双方有威胁的情况下，自由交流信息实际上比不允许交流信息有更少的合作。很明显，这些被试利用交流信息的机会进行威胁，加强对抗，而并非借此解决相互之间的问题。在竞赛者互相平等，双方都没有什么威胁手段时，或者说当信息交流能够清楚表明一方占有进行单方面威胁的优势并允许力量微弱的一方妥协时，信息交流才是有助于合作的。

5.威胁

如果对方做出不利于自己的举动，自己也可以采取类似的办法让对方蒙受损失。但在某种社会环境中，与之相关的人们彼此之间没有凌驾于对方之上的特殊力量。譬如，买汽车时，消费者希望以最低的价格购买，而销售商则企图以最高的价格出售。一般情形是如果消费者同意照价付款就成交，如果不同意，汽车仍然摆放在展览室里。如果销售商看出消费者强烈的购买欲望，则故意透露还有别人也看中这款车而且会很快来提车，以此促进购销协议的达成。最终的结果可能令销售商如愿，也可能适得其反。虽然威胁有时会让双方受损，但使用威胁的一方的确比没有使用威胁的一方能得到更多的好处。无论是选择合作还是竞争，威胁都起着重要作用，而且在一般情况下，使用威胁的一方能得到更多的好处。

6.社会文化因素

在合作与竞争的影响因素中，文化背景也是一个不容忽视的重要因素。在不同的文化背景下，个体在合作与竞争行为上存在一定差异。比如，中国孩子的合作意识较强，这可能是因为中国自古就更为重视对儿童进行友好、谦让、协商、合作等教育。乡村人的合作性较强，而且在他们的文化中，对竞争的要求相对较低。

三、友谊

（一）友谊的定义

同事之间、同学之间、老乡之间、男女之间都可能发展出友谊。友谊的建立意味着互动双方关系存在持续性，对对方行为能够作出积极的预期，而合作可能是一次性行为。朋友关系可以分为两个层次，即表面朋友和深层朋友。表面朋友是指友谊的形成和保持完全是因为这种关系的奖励作用；而深层朋友之间友谊的形成和保持除了奖励，还包括相互关心。

与仅仅愿意跟他人交往的亲和动机不同，友谊通常只存在于朋友之间。在交往对象中，具有很高的选择性。不是所有的交往对象都能成为朋友，一般认为朋友具有下列特征：一是朋友是相互平等的；二是朋友喜欢相互陪伴；三是朋友是相互信任的，会做有利于对方的事情；四是在需要的时候，朋友会相互帮助；五是在朋友面前可以展示真实的自我，不需要"戴着面具"；六是朋友具有相似的兴趣和价值观。当然，这些都是理想的特征，任何特定的友谊可能只包含其中几个特征。

与既定关系不同，友谊具有自主性。我们可以自由选择自己的朋友，还可以进行变换，但像亲戚这种既定关系是不能变换的。

（二）男性与女性的交友差异

男女交朋友的方式不同。心理学家在一项儿童友谊关系的长期研究中发现，男孩子通过一群人一起玩耍来交朋友，而女孩子是通过一对一对地玩耍来交朋友；对成年人来说，男性之间的关系发展往往取决于他们是否参加了共同活动，如一起打游戏、旅游等。而成年女性想要成为朋友，一起聊聊天就有可能。

情感在男女友谊关系中的作用不同。随着年龄的增长，情感在男性与女性关系中的地位出现了差异，例如，在同性亲密关系中，女性的友谊关系由于有更多共同情感的参与，所以比男性的友谊关系更为亲密。

男性与女性在亲密关系中身体接触的程度也不同，尤其是在同性的亲密关系中，女性之间的身体接触明显多于男性之间的身体接触。

（三）友谊的心理学解释

强化情感模式认为，吸引是由情感决定的。无论是由某人直接产生的或通过联想产生的，积极的情感体验强化了与该人在一起的愿望；反之，在某人出现后产生的消极情感体验会驱使我们回避该人，因而减少吸引。

人本主义心理学家罗杰斯（C. Rogers）认为，当最初的自我概念形成之后，人的自我实现趋向开始激活，在自我实现这一动力的驱动下，儿童在环境中进行各种尝试活动并积累大量的经验。通过机体自动的评估过程，有些经验会使他们感到满足、愉快，有些经验却相反，愉快的经验会使儿童寻求保持、再现，不愉快的经验会使儿童尽力回避。

平衡理论认为，引起人际吸引的另一个因素，即思想、情感和社会关系一致性所产生的心理平衡。两个人之间的平衡是由互惠创造的。互惠是指我们得到的和付出的是等价交换。确实，我们喜欢那些喜欢我们的人。在三个或三个以上的人中，平衡的社会关系是指喜欢那些同他人的关系与我们相似的人。如果你喜欢上一个人，而你最好的朋友认为他/她是一个十足的坏蛋，你就会对这种不平衡的关系感到为难和不适应。通常，我们喜欢我们朋友的朋友。

（四）友谊的具体目标

1.获得情感支持

社会支持是指他人提供的情感、物质或信息上的帮助。情感支持是社会支持的一个方面，是人们相互提供的情感、关怀和帮助。在我们感到孤独、痛苦时，会倍感压力，肾上腺素分泌增加，使人们呼吸加快、心跳加快、血压升高、肌肉紧张，从而调动身体潜能来应对压力。在积极应对压力的同时，脑垂体分泌的催产素增加，降低身体的紧张度，使个体恢复到正常唤起的状态，同时，这种激素会促使人们跟他人接触。

群体中的个体在困难的时候可以相互帮助，多一个人抵御困难甚至有利于个体健康。心理学家的贡献之一就是发现跟他人建立良好的人际关系与幸福感存在正相关。与他人有较强心理联结的人较少受到生活中压力事件的影响，对疾病的抵抗力也更好。总之，友情有益于身心健康。但是，并非对所有人在所有的时候都能起到这样的作用。社会支持的结果会随着个体和情境的变化而变化。面对压力时，女性会更多地寻求情感支持，更关注与亲密朋友的关系，她们通过微笑获得的非言语支持和亲密感要比男性多得多。

尽管如此，如果你认为每个人都愿意获得尽可能多的社会支持，那就错了。有时人们会拒绝他人的社会支持。其中一个原因就是我们并非总是把社会支持看作一件好事，尤其当我们无法回报他人时。当你觉得他人提供的帮助自己无法回报时，就会产生尴尬的局面，会让你觉得自己"被施舍"了。潜在的尴尬阻止了人们向他人寻求支持的动机。当朋友的出现可能使你觉得会被评价时，朋友的情感支持作用就会消失。当一个学生需要完成有压力的数学测验时，如果有亲密朋友在身边，那么他/她的血压值就会很低。如果他/她的朋友是评价者，在这种情况下独自或与陌生人在一起会使他/她感觉良好。

2.获得信息

熟人或朋友那里可能有对人们有用的事实、想法或者其他重要信息。如果你想快速解决生活、工作、学习中的问题，那么朋友或者熟人比图书馆或许更有帮助。与朋友一起工作的个体在许多任务中的表现都较好，无论是完成简单的记单词任务，还是完成解决复杂问题的任务。与朋友一起工作表现良好的原因之一是他们拥有类似的知识库，能够轻易"读懂"彼此的感受和意图。

社会比较理论认为，人们有评价自己想法和能力的动机，并且将自己与他人进行比较是最好的方式。一般情况下，我们更喜欢与相似的人比较想法和能力。我们渴望获得他人信息，部分是由于想获得关于自己的准确信息。但大多数情况下，我们只会搜寻让自我感觉良好或者与自己的世界观相近的信息。我们会被相似的个体所吸引，部分原因是他们经常同意我们的观点，这会使我们感觉良好。相反，我们倾向于对不同意我们观点的其他人作出负向回应。相似的个体会吸引我们，一方面，是因为我们存在一个简单的预期，即相似的个体比不相似的个体会更喜欢我们；另一方面，是他们会肯定我们对自己和世界的看法。总之，我们在确认自己特定人格品质时，抽取的是跟我们有相似观点或对我们持积极、肯定态度的朋友，这种抽样是存在偏差的。

3.获得地位

当社会等级非常重要时，地位就成了人际交往中的主要推动力。在日常生活中，人们经常喜欢与权力大的人结盟，认为这是获得成功的一种途径。在组织或社会中，与地位高的人结识，不仅会给人们带来很多潜在的资源和机会，而且会让人们感觉到在相应群体中的地位得到提高。提高自己地位的另一种表现就是与有污点的人划清界限。人们有时会中断那些让他们觉得丢脸或者感觉很尴尬的社会联系。从某种程度上说，这种疏离现象恰好与"沾光"相反。

在社会生活中提升个体的地位，可能存在性别差异。男性更可能通过自己的优异表现、突出的业绩和问题的解决来提升自己的地位，而女性则更可能将职业与亲密关系相融合。成年男性的友谊可能会回避讨论亲密的话题，而更关心活动任务。在与父母的交流中，成年男性可能讨论职业生涯和业务活动，而女性更可能讨论朋友和家庭问题。在日常生活中，女性会更多地与工作外的人建立联系，而男性会更多地与同事建立联系。总之，男性建立关系更多以等级和工具性为特点——寻求地位的表现形式，女性建立关系更看重情感支持。

那些过于热衷在权力等级中向上爬的人可能会无法获得他人的好感。确实，通过友谊获得情感支持和获得地位，两者之间存在内在矛盾。实际上，长期来看，将工作和娱乐混在一起可能会损害一个人的社会支持体系。比如，跟朋友交往更多关注工具性动机的学生，总是无事不登三宝殿，从短期来说，可以解燃眉之急，但有可能损害他/她与朋友之间的友谊；相反，低工具性动机、高情感性动机的学生可以通过与他们的朋友谈论很多有意思的事情来更好地维系他们的社会支持体系。

4.交换人际资源

礼尚往来不仅仅是一种礼貌行为，更可能涉及个体的生存。在我们的祖先那里，通过交换资源，尤其是那种不可预测并且不确定的资源时，群体中的礼尚往来提供了一个保障。社会生活中的个体跟他人进行人际资源交换时，针对不同的交往对象遵循不同的交换原则。跟陌生人交往时，遵循等价交换原则，这种交换虽然是等价的，可以讨价还价，但它是即时的，不能延迟的，这意味着我们必须有对方需要的东西，才能交换到我们所需要的东西。跟朋友交往时，我们遵循的原则是人情原则和按需分配原则。人情原则让我们在没有朋友所需的资源时也能即时得到我们所需要的资源，同时感受到对方的关心、照顾；按需分配原则更是让我们感受到来自对方无条件的关爱。所以，结交朋友、建立友谊，不仅可以满足我们的不时之需，更能让我们体验人与人之间积极的情感。当然，在人际交往中，有些人注重外在的物质利益，追求的是得大于失；有些人可能更注重感情，对物质利益的得失不会太过计较。

（五）影响友谊的因素

由于人际酬劳是多种多样的，产生的情感卷入深度也各不相同，因此影响友谊的因素也就多种多样。有些因素在初次交往时发挥作用，有些因素则贯穿友谊的全过程。影响友谊的因素主要有接近与暴露效应、相似性与互补性、回报等。

1.接近与暴露效应

接近是导致人际吸引的主要因素之一。它是指人与人之间身体或心理的接近。接近意味着身体接近，人与人之间的亲密关系，或事物间属性的相似（物以类聚）。例如，住在一栋楼同一层的两个人比住在不同楼层的人更接近。

（1）接近效应

接近效应是这样一种倾向，经常跟我们接触的人容易成为我们的朋友。由于经常在一起工作或者在一起学习，两个人就比较容易成为朋友，甚至发展成恋人关系。工作或学习中的互动是频繁的，这种频繁互动经常是这一类环境中朋友关系形成的关键指标。换句话说，朋友关系容易在空间距离高度接近的两个人之间形成。

接近可以分为多种类型：①业界/职业接近，在同一个场域工作的相似的人可能互相吸引。②住所接近，住在同一地区或相互为邻居的人更容易走到一起。③熟人接近，与熟人、朋友的心理距离接近。④虚拟接近，虽然是在虚拟环境中，但也会缩短与他人的距离。虽然人们借助现代技术手段进行的互动越来越多，但是互联网出现后所做的研究发现，身体距离仍然是影响人际交往的重要因素。

空间距离接近影响人际吸引的原因主要有以下两点：第一，空间距离比较近的交往者，相互之间容易接触，交往成本低；远距离的人际交往需要更高的时间成本、金钱成本。第二，预期交往能促进喜欢。与身边的人交往预期高，这种较高的预期可能会提高喜欢程度。在人际交往初期，空间距离接近的人可能会有更多的互动，建立人际关系的可能性也更大，但人际关系质量的好坏和持续时间的长短不一定与空间距离有关。

（2）暴露效应

暴露效应是一种心理现象，它是指人们倾向于喜欢他们熟悉的事物。在社会心理学中，这一效应有时叫熟悉原则。这种效应在很多事物中得到证明，包括绘画、面部图片、几何图形、声音。在人际吸引的有关研究中，一个人被看见的次数越多，这个人就越讨人喜欢、越可爱。

为什么暴露频率或熟悉可以提高喜欢程度？原因有以下几点：一是多次接触可以提高再认率，即使不能再认对象，由于错误归因也会提高喜欢程度；二是接触次数较多，对对方更加熟悉，不仅提高了对对方行为预测的准确性，也会增加好感；三是多次接触会给我们一种感觉，对方跟我们有很多的相似性，这种相似性会让我们更加喜欢对方。

当然，并不是在所有条件下接触频率越高，喜欢程度就越高。在下列条件下，不会产生暴露效应：一是一开始就让人感到厌恶的人和事物。研究表明，面对一开始就不喜欢的人，他/她出现在我们面前的次数越多，我们对他/她越不喜欢。二是如果两个人彼此之间已经有一些冲突或是性格上本来就不合，见面越多反而会激化彼此的冲突。三是过多的曝光会引起厌烦。研究显示，人或事物长时间暴露后，喜欢可能衰减。例如，人们听一首歌，听几次就会喜欢上它，但听多了以后，喜欢程度反而会降低。

2.相似与互补

（1）相似

"物以类聚、人以群分"指的就是相似性是人际吸引的关键因素。相似性指人与人之间态度、价值、兴趣和人格的相似程度。研究结果表明，相似会导致人际吸引。这种相似性是广义的，包括体格相似、个性相似、生活目标相似、种族和外表相似，这些方面越匹配，关系双方就会越契合。

相似性会增加人际吸引，就像物以类聚一样，有三种不同的解释。第一种解释：有相似兴趣和爱好的人会把他们自己置于相似的背景中。例如，对文学感兴趣的两个人可能会在图书馆遇到并建立关系（即接近效应）。第二种解释：我们注意相似的人，期望他们喜欢我们并建立关系，即与相似的人建立关系可以帮助我们确认共同持有的价值观。第三种解释：人们倾向于对在基本问题上不赞同自己的人作负性假设，因此，会相互排斥。

根据吸引—相似模型，相似的人会产生初始的吸引。在持续的关系中，人们感受到的相似会随着一个人认为他人与自己相似而增加互相喜欢。这种感觉要么是自我服务的（友谊），要么是服务关系的（恋爱关系）。在人际关系中，人们倾向于改变感受到的相似来获得平衡。另外，在预测人际吸引中，感受到的相似比实际的相似更准确。

（2）互补

研究表明，当交往双方的需要和满足途径正好成为互补关系时，双方之间的喜爱程度也会增加。在现实生活中，一部分人的婚姻是基于互补关系缔结的。例如，一个支配型的男人娶一个依赖型的妻子；一个喜欢控制人的泼辣女人与一个被动型不愿做决定的沉默丈夫结为夫妇等都属于这种情况。

互补的另一种情况是他人的某一特点满足了个体的理想要求，从而增加了对这个人喜欢的程度。这种情况不是严格意义上的互补，更多的是补偿作用。例如，一个人看重学历而自己又失去获得高学历的机会，因而尤其看重高学历的朋友，就属于这种情况。

相似性原则和互补性原则表面看上去是相互矛盾的，实际上，它们的共同点都是热情。相似性原则和互补性原则都认为友好的人会喜欢友好的人。相似和互补的重要性可能依赖于关系发展的不同阶段。在初始吸引中，相似性有相当高的权重，而随着时间推移、关系发展，互补的重要性会越来越大。如果交往对象与他们不同，至少在支配性维度上和他们不同，人们会对他们的关系更加满意，两个支配性的人会体验到冲突，而两个服从性的个体也会因为不知从何开始而体验到挫折。

3.回报

爱和吸引一样，只是爱更强烈，它们都依赖于他人出现时自己能否体验到积极的情感，但爱比吸引需要更多的回报体验。随着回报的逐步积累，爱就发展起来了；或者，随着回报的逐步消失，爱就受到伤害。

社会交换理论的一个基本前提：能提供较多的好处和很少损失的关系是比较舒服的，而且持续时间比较长。在亲密关系中，好处包括同伴之谊、爱、痛苦时的安慰等。但亲密关系也有代价，需要花时间和精力来维持这种关系，为保持和谐关系必须放弃其他机会以便使关系得以延续。

亲密关系的持久性与好处的总体水平有关。开始有许多酬劳性互动约会的两个人，与开始没有酬劳性互动约会的两个人相比，前者的约会关系不大可能破裂。随着关系的延续，在约会中体验到酬劳较大增加的两个人，与在约会中只体验到酬劳很少增加或感受到衰减的两个人相比，前者更可能在一起。

第六章　人际沟通

第一节　沟通的基础知识
及对人际关系的作用

在现实的人际交往中，沟通所产生的重要影响是不容忽视的。可以说，没有沟通，人际关系的产生是不可能的。换言之，沟通是人际关系得以产生和增强的基本工具。我们可以从以下对沟通基础知识的探讨中加以理解。

一、沟通的基础知识

（一）沟通的内涵

沟通是指人们在社会交往中运用语言及非语言系统，相互传递信息和交流情感的行为和过程。从沟通的英文单词"Communication"来看，它既可以译为"沟通"，也可以译为"交流""交际""交往""通信""传达""传播"等。虽然这些词语的含义在中文里有所差别，但其基本含义都涉及信息交流。因而，从沟通的内涵来分析，其核心应是信息的传递，但信息的外延包含的意义广泛，如主要的要素是事实、意愿、观点、情感及价值观。因此，人际沟通不是简单的信息传递，而是沟通双方积极参与的行为，其沟通的结果是使双方之间原来的关系发生变化。比如，与对方经历一次真正的沟通之后，会感觉自己的行为和心理状态有所变化，这是纯粹的信息交流过程所没有的。有的学者将沟通比喻为人与人之间交往的一座桥梁，是个体获得他人思想、感情、见解、价值观的一种途径。

沟通内容虽然各种各样，但有三个要素是共同的：第一，沟通有一定的情报内容，即传递和交流的内容包括信息、思想和情感等。沟通的内容首先是信息，然后是思想和情感。第二，沟通必须通过一定的媒介，主要的媒介是语言，既包括口头语言、书面语言，也包括表情和体势等"副语言"。第三，要使沟通成功，信息不仅需要传递，还需要被理解。从这个意义上来说，信息在机器设备中的传递与信息在人与人之间的传递有着本质不同。相对来说，在人与人之间的沟通过程中，信息编码和解码阶段都可能导致信息失真。

（二）沟通的类型

1.正式沟通与非正式沟通

根据沟通渠道，组织系统内部的沟通分为正式沟通和非正式沟通。信息通过组织明文规定的渠道进行的传递和交流是正式沟通。组织内部的文件传达、通知发布、工作布置、工作汇报、各种会议以及组织与其他组织之间的公函往来都属于正式沟通。正式沟通的优点是信息通路规范、准确度较高。政府相关部门及时发布重大自然灾害事件的救助信息，可以有效防止谣言传播。

在正式沟通渠道之外进行的信息传递和交流被称为非正式沟通。非正式沟通不但表露或反映人们的真实动机，同时也常提供组织没有预料到的信息。非正式沟通的信息传播呈几何级数扩散，具有传播方便、快捷等特点，其影响力是相当大的。现在，数字通信技术为使用者提供了即时通信的平台。但是，这些平台上传播的信息，其随意性和不确定性也一直存在。因此，现在的管理者大都很重视非正式沟通，常利用私人会餐及非正式团体的娱乐活动进行沟通，多与员工接触并从中获取各种信息，作为改善管理或拟订政策的参考。非正式沟通既具有沟通形式灵活、信息传播速度快等优点，又具有随意性和不可靠性等弱点。

2.上行沟通、下行沟通与平行沟通

根据信息流动的方向，可以将沟通分为下行沟通、上行沟通和平行沟通。下行沟通是上级向下级传递信息，如组织或单位的上级领导向下级布置工作、下达命令和指示。这种沟通方式大体有五种目的：①传达工作指示；②促使员工了解本项工作与其他任务的关系；③提供关于程序与任务的资料；④向下级反馈其工作绩效；⑤向员工阐明组织目标，使员工增强责任感。这种自上而下的沟通能够协调组织内各层级之间的关系，增强各层级之间的联系，对下级具有督导、指挥、协调和帮助等作用。但是，这种沟通容易使下级觉得上级高高在上，并且由于曲解、误解或搁置等因素，所传递的信息会逐步减少或被歪曲。

上行沟通是指由下级向上级传递信息，如下级向上级报告工作情况、提出自己的建议和意见、表明自己的态度等。在组织中，不仅要求下行沟通迅速有效，而且应保证上行沟通畅通无阻。只有这样，管理者才能及时掌握各种情况，从而作出符合实际的决策。有研究表明，有时自下而上的信息沟通即使到达管理层，通常也不被重视，或根本没被注意到，导致下级不愿意跟上级沟通。所以，会出现单位领导公开了邮箱或设置领导接待日，但没有人反映的情况。有时，下级传递的信息由于在上报过程中被逐层压缩，细节会被删去，造成严重失真。

平行沟通是指同级之间传递信息，如员工之间的交流、同一层级不同部门的沟通等。在企业部门中，经常可以看到各部门之间发生矛盾和冲突。除其他因素以外，部门之间互不通气是重要原因之一。保证平行组织之间沟通渠道的畅通，是减少各部门冲突的一项重要措施。这种沟通一般具有业务协调性质，有助于加强相互间的了解，减少矛盾和冲突，改善人与人之间的关系。

3.单向沟通与双向沟通

根据发信者与接信者的地位是否变换，可以将沟通分为单向沟通和双向沟通。

单向沟通是一方向另一方发出信息，发信者与接信者的方向、位置不变，双方无论是在语言上还是在表情、动作上都不存在反馈。发指示、下命令、作报告都带有单向沟通的性质。

双向沟通指发信者和接信者的位置不断变化，发信者以协商、讨论或征求意见的方式面对接信者，信息发出后，立即得到反馈。有时，双方多次互换位置，直到双方达成共识为止。招聘会、座谈会都属于双向沟通。

单向沟通和双向沟通究竟哪种方式效率更高呢？心理学家曾做过不少实验，结果表明：从速度看，单向沟通比双向沟通信息传递速度快；从内容正确性看，双向沟通比单向沟通信息内容传递准确、可靠；从沟通程序上看，单向沟通比较符合常规流程，双向沟通比较混乱、无秩序、易受干扰；双向沟通中，信息接收者对自己的判断有信心、有把握，但信息发出者有较大的心理压力，因为随时会收到信息接收者的提问、批评；单向沟通可以事先计划，双向沟通无法事先计划，需要当场作出决策；双向沟通可以增进对彼此的了解，建立良好的人际关系。

由此可见，单向、双向沟通各有所长，究竟采用何种方式进行沟通，要视具体情况而定。如果需要迅速传达信息，应采取单向沟通的方式；如果需要准确传达信息，以采取双向沟通的方式为宜。一般说来，如果工作急需完成，或者工作性质比较简单，或者信者发出者只需要发布指示，无须反馈时，多采用单向沟通的方式。

4.口头沟通与书面沟通

根据沟通形式，可以将沟通分为口头沟通和书面沟通。

口头沟通是面对面的口头信息交流，如会谈、讨论、会议、演说以及电话联系等。其优点是有亲切感，可以用表情、语调等增加沟通的效果，可以马上获得对方的反馈，具有双向沟通的好处，且富有弹性，可以随机应变，但如果传达者口齿不清或不能掌握要点做简洁的意见表达，则无法使信息接收者了解其意图。沟通时如果信息接收者不专心、不注意，则口头沟通一过即逝，无法回头再追认。

　　心理学家指出，当我们听演讲时，演讲者声音的影响力是演讲内容的五倍。换句话说，"你怎么说"比"你说什么"对信息接收者的影响更深远，因此，千万别低估声音在沟通中的作用。你的声音充分泄露你的个人特质，它会告诉别人"你自信""你能干""你风趣"，或者是"你严肃""你轻浮""你急躁"。重音强调、语气，将改变信息所传递的意思。例如，"我开车去惠州"要改变语意，只要改变语气就行了。

　　人类潜意识的心理活动具有自发性，并且和口头语言无关，这也是肢体语言会严重泄露沟通者心事的主要原因。一般而言，沟通时，语言主要在传递信息，而肢体语言则能凸显态度等信息，并且在某种情况下可以取代语言，其实指的是能读出肢体语言信息，要正确解读肢体语言，关键在于观察姿势和口头语言是否一致。

　　书面沟通指通过文件、刊物、书信、电报、调查报告等方式进行的信息交流。其优点是具有一定的严肃性、规范性、权威性，不容易在传达中被歪曲；可以作为档案材料和参考资料以及正式交换文件长期保存；能让信息接收者慢慢阅读、细细领会。其缺点是沟通不灵活，感情因素少一些，对文字能力要求较高。

　　采用书面沟通的方式，应注意文字的可读性、规范性，做到以下几点：第一，文字简练；第二，使用规范与熟悉的文字；第三，使用的比喻、实例、图表等必须清晰易懂、便于理解；第四，使用主动语态和陈述句；第五，逻辑性强，有条理性。

（三）沟通过程的基本要素

　　从信息传递过程分析，一般认为沟通过程由五个要素组成，它们是信息发送者、通道、信息接受者、反馈、障碍，这五个要素之间的关系如图6-1所示。

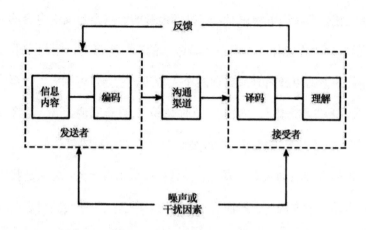

图 6-1 沟通过程五要素

1.信息发送者

信息发送者,又称信息源,是具有信息并试图进行沟通的人。他们发起沟通过程,决定以谁为沟通对象并决定沟通的目的。沟通的目的可以是给对方提供信息,也可以是影响别人,使别人改变态度,或者是与别人建立某种联系或纯粹为了娱乐。信息是沟通者试图传递给他人的事实、评价、观念和情感。但个人主观的、内隐的观念不能直接为信息接收者接受,因此,它们必须转化为各种不同的可为别人觉察的信号。在各种符号系统中,最为重要的是语词。语词可以是声音信号,也可以是形象(文字)符号,因而,它们是可被觉察、可实现沟通的符号系统。作为信息源的沟通者在实施沟通前,必须先在自己的知识库里选择、编辑试图沟通的信息,然后将这些信息转化为信息接收者可以接受的形式,如文字、语言或表情等。

2.通道

通道指的是沟通信息传达的方式。人类的五种感觉器官都可以接收信息,但大量的信息是通过视听途径获得的。日常生活中所发生的沟通也主要是视听沟通。通常的沟通方式不仅有面对面的沟通,还有以不同媒体为中介的沟通。电视、广播、报纸、电话等,都可被用作沟通的媒介。研究发现,在各种方式的沟通中影响力最大的仍然是面对面的沟通方式。面对面沟通时,除语词本身的信息外,还有沟通者整体心理状态等信息。这些信息使得沟通者与信息接收者可以发生情绪的相互感染。此外，在面对面沟通的过程中，沟通者还可以根据信息接收者的反馈及时调整自己的沟通过程，使其变得更适合于听众。由于面对面沟通能够更有效地对信息接收者产生影响，因此即便是在通信技术高度发达的美国，总统大选时，候选人也总是不辞劳苦地到各地演讲。

3.信息接受者

信息接受者指接受来自信息发送者发送的信息的人。信息接受者在接收携带信息的各种特定音形符号之后，必须根据自己的已有经验，将其转译成信息源试图传达的知识、观念或情感。这是一个复杂的过程，包括一系列注意、知觉、解码和储存心理过程。由于信息发送者和信息接受者拥有两个不同但又具有部分共同经验的心理世界，因此信息接受者解码后的沟通内容与信息发送者之间的对应性是有限的。不过，这种有限的对应在更多的情况下足以使沟通的目的得以实现。

在面对面的沟通过程中，信息发送者与信息接受者的角色是不断转换的，前一个时段的信息接受者则成了下一个时段的信息发送者。在日常生活中，每一个人都必须很好地了解如何有效地理解别人和被别人理解，了解沟通过程中信息的转译和传递机制，只有这样，才能提高沟通的有效性。

4.反馈

反馈的作用是使沟通成为一个交互过程。在沟通过程中，沟通的每一方都在不断地将信息回送给另一方，这种信息回送过程就称作反馈。反馈可以告诉信息发送者信息接收者接受和理解信息的状态。如果反馈显示信息接收者接受并理解了信息，这种反馈为正反馈。如果反馈显示的是信息发送者发送的信息没有被信息接收者接受和理解，则为负反馈。显示信息接收者对信息发送者发送的信息反应不确定状态叫作模糊反馈。模糊反馈往往意味着信息接收者对来自信息源信息的理解尚不够充分。成功的沟通者对反馈十分敏感并会根据反馈不断调整自己的信息。

反馈不一定来自对方，我们也可以从自己发送信息的过程或已发出的信息中获得反馈。当我们发现所说的话不够明确或写出的句子难以理解时,我们自己就可以作出调整。对应于外来反馈,心理学家称这种反馈为自我反馈。

5.障碍

人类的沟通经常出现障碍,因此,分析沟通过程不能不分析沟通障碍问题,我们可以将人类的沟通系统比作电话回路。在电话回路中,任何一个环节都可能出现问题,对沟通形成阻碍。在人类的沟通过程中也有大致相同的情况。信息源的信息不充分或不明确,信息没有被有效或正确地编码成可以沟通的信号(如爱的感受没有被转换成让被爱者可以理解的语词表达),误用沟通方式(如以不适当的方式表达爱慕),信息接收者误解信息(如将爱慕者表达的关怀和帮助解释成他/她希望通过这种方式得到自己的帮助)等,都可能对沟通造成障碍。

此外,沟通者之间缺乏共同的经验,彼此也难以沟通。来自两个完全不同的文化背景、专业领域的沟通者是很难有效地交流信息的。一个故事讲到,一个外国旅游者在一个乡村小店想喝牛奶,在纸上画了一头牛,结果店主真的牵来一头大水牛。其实,即使在同一个国家,由于不同地区、不同民族有其独特的文化,类似的笑话也是经常发生的。足够的共同经验是沟通得以实现的必要前提。

二、沟通对人际关系的作用

人际关系是在交往中建立的,而交往是人的一种有目的行为,要实现其目的,仅仅停留在交往的层面显然是不够的,这就需要交往双方的沟通才能实现。可见,在沟通的基础上,交往的双方才能明白对方的意图,进而对是否继续交往、建立关系作出判断。例如,谈判是一种典型的交往方式,如果在谈判中,双方都采取强硬态度,互不妥协,那么谈判就会因无法沟通而破裂。因此,从某种意义上说,沟通既是人际交往的间接目的,又是建立正常人际关系的必要前提。在现实生活中,人人都必须交往,但并不是人人都懂得沟通，这便是值得人们重视的问题。

（一）沟通是建立人际关系的基础

信息的交流与沟通是人们相互联系的重要形式，因而沟通是人际交往的起点，也是建立人际关系的基础。随着社会的发展，人与人之间的沟通具有越来越重要的作用。沟通不仅是建立人际关系的基础，从某种程度上说，沟通的好坏直接影响着人际关系的质量。良好的沟通可以像润滑剂一样，促使人际关系和谐；反之，则会成为人际关系的障碍，导致人际关系破裂。

（二）沟通中可能产生的两种不同的人际关系状态

在社会组织中进行的沟通，时常会出现两种不同的人际关系状态，如图 6-2 所示。

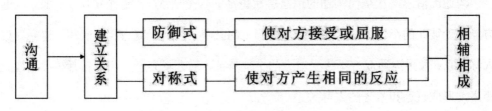

图 6-2 沟通时人际关系状态

通常情况下，交往主体系组织中的领导者与其下属沟通时，领导者大多倾向于建立防御式的关系，而下属成员则希望建立对称式的关系，这种情形下要想把握其关系，促使沟通顺畅进行，双方都应依沟通所要达成的目的作出适当的调整。比如，如果此时采用防御式沟通，对促使沟通顺畅比较有利，那么下属最好能主动配合上级领导发号施令，使对方感受到自身具有领导的威严；如果此时运用对称式沟通比较有利，那么作为上级领导则可以放低姿态，缩小双方之间的距离，以便激发下属的潜力。两种不同的人际关系状态其实是相辅相成的，应根据实际需要选择。

（三）沟通的程度决定了人际关系的发展状态

人际沟通一般分为三个层次，即沟通的信息层次、沟通的情感层次、沟通的行为层次。人际沟通的不同层次在某种意义上反映了沟通的程度，而沟通的程度决定了人际关系发展的状态。

1.沟通的信息层次

沟通的信息层次是人际沟通的基本层次。沟通双方在信息交流的基础上，彼此产生一定的认识并建立基础关系。如果在这个层次上，信息交流不能实现，那么人与人之间不会有相互了解，也不会有情感交换和行为互动，人际关系就不会建立。若是在信息交流中出现障碍，也会影响人际关系的进一步发展。

2.沟通的情感层次

沟通的情感层次是比沟通的信息层次更高的一个层次。在这个层次上，如果沟通双方能接受彼此的个性特征，便能产生情感上的共鸣，以利于双方相互吸引，建立良好的人际关系；如果沟通双方不接受对方的个性特征，那么就会产生情感排斥，拉大彼此的距离，形成疏远和紧张的人际关系。

3.沟通的行为层次

人际交往的最终目的是引起对方的行为。当然，沟通双方需要根据沟通对象对自己的期望调整自己的行为。若在这个层次上，双方能不断调整自己的行为，就能建立心理相容的关系；反之，则会出现人际冲突而导致关系破裂。

随着沟通层次的深入，人际关系也在逐渐加深。而人际沟通的结果可能有两种：一是双方增进了解，发展了人际关系；二是造成误会、引起冲突，导致人际关系破裂。可见，沟通的程度决定了人际关系的发展状态。因此，沟通不仅是建立人际关系的基础，更是维系和促进人际关系得以良好发展的重要途径。如何提高自身的沟通能力，应是每个现代人都必须关注的问题。

第二节 人际沟通的步骤

在工作中，我们要完成一次沟通一般需要经过五个步骤：第一步是事前准备，准备我们这次沟通的目标，以及为了达成这一目标必要的一些计划，可能遇到的异议，应该怎样和对方沟通；第二步就是确认需求，在沟通时一见到对方就表明自己的目的，然后询问对方的目的；第三步是怎样阐述自己的观点，让对方更容易接受；第四步是处理异议，采用对方的观点说服对方；第五步是按照协议进行沟通，否则就会失去对方的信任。

一、事前准备

为了提高沟通效率，要事前准备这样一些内容：一是设立沟通的目标，这非常重要，我们在与别人沟通之前，心里一定要有一个目标；二是制订计划，有了目标要制订计划，怎么与别人沟通，先说什么，后说什么；三是预测可能遇到的异议和争执；四是对具体情况进行分析，明确双方的优、劣势，设定一个合理的、大家都能接受的目标。

二、确认需求

确认需求有三步：第一步是提问；第二步是积极聆听，要设身处地地去听，用心和脑听，为的是理解对方的意思；第三步是及时确认，当你没有听清楚、没有理解对方的话时，要及时提出疑问，一定要完全理解对方所要表达的意思，做到有效沟通。

提问和聆听是常用的沟通技巧。我们在沟通过程中，首先要确认对方的需求是什么。如果不明白这一点，最终就无法达成协议。要了解别人的需求就必须通过提问来完成。沟通过程中有三种行为——说、听、问。提问是非常重要的一种沟通行为，因为提问可以帮助我们了解更多更准确的信息，所以在沟通中会常常用到提问。在开始的时候可以提问，在结束的时候也可以提问。此外，提问还能帮我们控制沟通的方向。

三、阐述观点

阐述观点就是怎样把自己的观点更好地传达给对方，这是非常重要的。也就是说，我们说出了自己的观点，对方是否能够明白，是否能够接受。那么，在阐述观点的时候，有一个非常重要的原则，即 FAB 原则。FAB 是一个英文词组的缩写：F 代表 Feature，意思是属性；A 代表 Advantage，这里翻译成作用；B 代表 Benefit，就是利益。在阐述观点的时候，按照这样的顺序来说，能够让对方快速听懂。

四、处理异议

在沟通中，有可能会遇到对方的异议，就是对方不同意你的观点。在工作中，你想说服别人非常困难，同样别人说服你也非常困难。因为成年人不容易被别人说服，只有可能被自己说服，所以在沟通中一旦遇到异议之后就容易导致沟通破裂。

当在沟通中遇到异议时，我们可以采用一种类似于借力打力的方法，这种方法被称为"柔道法"。柔道法是指如果我们想利用另一个人的力量，不管是精神上的还是物质上的，我们必须屈从于他/她的力量（这就是不抵抗原则），然后让他/她自己明白自己观点存在的问题。柔道法不是强行说服对方，而是用对方的观点说服对方。也就是说，在沟通中遇到异议之后，首先了解对方的某些观点，然后当对方说出一个对你有利的观点的时候，再用这个观点去说服对方。

五、达成协议

是否完成沟通，取决于最后是否达成协议。在达成协议的时候，要做到以下几点：一是对别人的支持表示感谢；二是积极转达内外部的反馈意见；三是赞美；四是庆祝。

第三节　人际沟通的方式

人际沟通是一个信息传递和交流的过程，主要通过人际交往中的语言沟通（包括书面语、口头语）、非语言沟通（体态语）等手段，达到交往主体预期的目的。可见，较好地掌握和恰当地运用沟通手段及方式，是确保人际沟通畅通、增强人际交流及建立和改善人际关系的有效途径。

一、言语沟通

人类主要运用语言符号系统进行交流和沟通。言语作为人类口头形式的语言活动，被视为人际沟通中最普遍、最常用的交际手段。在此，对语言与言语的关系作一下分析。语言学家认为，语言和言语是两个各有特定含义的概念。语言是以语音为物质外壳、以词汇为建筑材料、以语法为结构规律构成的体系。而言语则是为达到某种目的，在一定的语境中对语言的使用。因而，从交际的角度看，语言只是一般的交际模式，言语则是对这种模式的具体运用。有一个比喻较为形象："言语是露出水面的一小部分冰峰，语言则是支撑它的冰山。"日常生活中，人们主要运用言语进行交谈、表达思想、传递信息、沟通感情，从而达到建立、调整和发展人际关系的目的。

（一）言语的可接受性

为了实现有效的沟通和交流，参与交谈的双方应把握言语交谈的具体要求，即言语的可接受性，主要包括以下几点：

1.慎选用语

一般来说，在沟通过程中，如果信息的接收者不能理解发出者所传递的信息，那么沟通就是无效的，因此，选择传递信息的用语极为重要。在交谈中，应尽可能选择通俗的用语，应根据交谈对象的实际情况，选择合适的、对方容易理解的话语，尤其要选择容易接受、亲善性的语言，而要避免使用有伤害性的语言。例如，生活中有些人开口就说："不是这样！""你说的根本不是事实！"或者"你在胡说八道，谁会相信这种鬼话！"试想，这样的语言谁能接受呢？因此，采用类似这样的语言是无法进行沟通的。反之，若我们在与人沟通中，时常将"您说的也很有道理"作为导语，其效果则会大不相同，它会让对方主动改变自己，这恐怕比我们去改变对方要有效得多。

这里还要补充强调，日常生活用语须谨慎，表达应清晰、完整。有一则流传已久的经典笑话便说明了语言表达对沟通的重要性。有位主人一次邀请了八位客人吃饭，约定的时间已过，只来了六位客人，等了许久，那两位客人还是没来。这时，主人不耐烦地说："该来的为什么还不来？"听到这句话，已到的六位客人中有两位听着不对劲，相互耳语："如此说法，就是不该来的都来了，那我们走吧。"他们两个人便起身走了。这时，主人见走了两位，便急得对另四位客人说："你们看，不该走的都走了。"剩下的四位客人中，有两位听了顿觉不舒服，彼此商量着："照他这样说，就是该走的不走，我俩也走吧。"主人一看只剩下最后两位客人时，急得大声叫道："我又不是说你们俩。"此时，最后两位客人一听，很不高兴地说："你既然不是说他俩，那就是说我俩。"于是，最后的两位客人也气愤地走了。这则笑话生动地反映了语言表达的"不慎"或"含糊"，会给对方的理解和接受带来影响。

2.语速适度

在运用言语与人交流的过程中，语速要适宜，既不可过快，也不要过慢，注意避免出现不合适的停顿。一般来说，新闻播音员的速度较为适宜，其语速基本上是每分钟 60 个字，让人听起来感觉舒服并易于接受。交谈中，快速的话语、尴尬的停顿或过于审慎的谈话都可能传递一些非故意的信息，让对方感到你可能隐瞒了某种事实，以至于怀疑你说的话，而妨碍沟通有效进行。因此，在交流和沟通中，对语速的把握不可忽视。

3.语调和声调的掌控

在正式的交谈中，有时谈话者的语调可能会影响信息的含义，从而影响沟通的效果。即使是一个简单问题的陈述，凭借语调便可以表达热情、关心和愤怒等情感。情绪因素可以直接影响说话的语调，所以，交谈者应时刻注意调整自己的情绪状态，努力克制自己，避免因自己不好的情绪状态影响说话的语调，从而传递一些非故意的信息，阻碍双方的有效沟通。

（二）言语的适切性

这是在人际交流中对言语表达最高层次的要求。如何才能达到这一要求？首先，言谈应切旨，即言谈要与沟通目的相吻合；其次，言谈须切景，即言谈内容要与交谈时的场景相适应；最后，交谈应切合自身与对方的年龄、性格、处境及社会身份等。从某种意义上说，言语的适切性是决定沟通效果的重要因素。

（三）言语沟通的风范

正式的沟通和交流需要在一种良好的氛围中进行。交谈者应具有良好的风范，如态度诚恳、礼貌相待、谈吐幽默等。

1.诚恳的态度

诚恳并恭敬地对待交谈对象，应是一切交谈进行的前提。显然，交谈者表现出诚恳、谦和的态度，能为沟通、交谈营造一种亲切的气氛，增强彼此的理解和信任。不可否认，个体的情绪具有两重性，即积极情绪和消极情绪。在交谈中，交谈者良好的态度，能从正面影响对方，调动其积极的情绪，消除彼此的陌生感，缩短双方的距离。其实，在交谈中，一方的思想、观点、愿望及要求能否为对方所接受，往往与其诚恳的态度成正比。因此，交谈者的态度是否诚恳，是双方沟通能否成功的关键。

2.礼貌的风范

礼貌可谓是言语交谈的基础，也是实现与各类人有效沟通的基本法则。有一句国外名言是这样说的：礼貌在生活和交谈中，比最高的智慧和一切学识都重要。礼貌的风范主要体现在文雅、得体、谦逊三个方面。交谈者应遵循交谈中的礼貌规则，懂得礼貌的风范是言语交际风度的重要体现。

3.幽默的语感

交谈者所具有的幽默感不仅能令自身谈吐生辉，还能为交谈增添轻松、愉快、和谐的气氛，因而，恰当地使用幽默的语言不失为一种促进人际沟通的有效方式。不可否认，有时在交谈中，交谈者会处于十分尴尬的境地，这时便需要以幽默的话语为润滑剂。幽默的话语不仅能化解尴尬的局面，而且能以愉悦的方式表达对对方的友善。因此，幽默是一种有价值的思维品质，表现了交谈者处理复杂问题的应变能力。

需要注意的是，实际交谈中的语言有多种幽默风格，如高雅的、通俗的、含蓄的、滑稽的，应根据不同的场合、时机，选择恰当的幽默方式，才能收到良好的效果。幽默是现代人必备的文明品质，幽默是一种才华，是一种力量，是人类面对共同的生活困境而创造出来的一种自我缓解的方式。

4.聆听的艺术

人们在运用言语进行交谈的过程中，容易步入一个误区，以为在与对方的交谈中，唯有多说多问方能促进沟通。其实不然，交谈是"说"与"听"两种行为方式的结合，并且倾听在交谈中占有更重要的地位。在与人交流时，可以做得最好的事情就是通过倾听提高交流技巧。应做到，在对方说话时认真听并且不打断对方的话语。显然，好的交流是词汇和倾听的结合。我们在用言语与对方沟通时，往往是对方掌握着"听"和"说"的主动权，所以说顺着对方的言语进行交谈最为有效。

在人们运用言语进行交谈时，通常有三种聆听的方式，即漫不经心式聆听、审视式聆听、移情式聆听。显然，交谈中应采取移情式的倾听方式，即将自我的情感转移到对方的情感立场去聆听，以达到彼此心灵相通、情感相融的境地。如何正确地聆听，其要求如下：第一，倾听时排除外界干扰，消除心理障碍；第二，注意倾听的内容，不过多揣摩谈话技巧；第三，保持冷静，不受个人情绪和现场气氛的影响；第四，恰当地提问，以示认真倾听并力求理解对方谈话的含义；第五，不过早作出判断，不随意插话；第六，注意谈话者的神态、表情及非语言信息的传递。

二、非语言沟通

人际交流和沟通是通过语言和非语言的共同作用而传递完整信息的。值得注意的是，在人际交往过程中，非语言的运用往往超过语言的运用。非语言交流手段，即体势语言，包括人的表情、手势、情绪、气质和性格以及交谈者双方的相互状态等。人体如同一个信息发射站，交际者的面容、表情、姿态、服饰等因素都是其表露信息的载体，是交际者自身可利用的资源。这里主要介绍几种常用的非语言沟通方式，如目光语、表情语、手势语、体态语等。

（一）目光语

目光语是指通过目光接触表达个体的各种情感、态度、观念等信息。的确，人的目光可以传达内心的奥秘和细腻的情感。古人云："万物风中起，千情眼里生。"也就是说，人的眼睛是传递信息最有效的器官。因此，在人类的非语言沟通中，目光语无疑是一种最复杂、最微妙、最富表现力的语言。

在交谈中，人们运用的目光语不同，传递的信息则不同，所产生的效果也不一样。以下是几种有代表性的目光语：

1.炯炯有神，坦荡执着

此种目光能表现出交谈者心胸开阔、为人正直和积极向上的精神状态。运用这种目光与人交谈，易获得对方的赏识和信任。

2.神态呆滞，目光无神

此种目光能表现出交谈者懈怠消极、缺乏自信的精神状态。运用这种目光与人交谈，易给对方以轻视、藐视的感觉。

3.目光游移，眼神轻浮

此种目光表现出交谈者为人轻浮和不诚实。持有这种目光与人交谈，会使人心存芥蒂，令双方的心理距离拉大，导致交际失败。

总之，在与人交往中，应善于通过各种目光与对方交流来调整交谈的气氛。通常，交谈中始终保持与对方目光的接触，能表现出对谈话的兴趣。当然，交谈中的目光和表情应和谐统一，若要表现对对方的好感，可以睁大眼睛，以瞳孔放亮来表示；而要表达否定的意愿，则应用审视的目光注视对方。交谈者应学习和了解相关知识，努力做到准确、恰当地使用目光语。

（二）表情语

实际生活中，表情对建立人与人之间的联系有很大影响。在不同的文化背景下，同样的面部表情可能具有相反或不同的意义。人的面部表情主要依靠五官来表达，微笑则更能突出地体现表情的变化，实现传递信息的功能。

在当今时代，微笑堪称一种世界语，微笑也被世界各民族公认为一种"社交场所的常规表情"，因此，微笑语可谓是非语言交流手段中最重要的一种。不可否认，在现实的交往中，作为内心自然情感的流露，微笑不仅表示友好、愉悦、欢迎、欣赏、领略之意，也能给交谈营造轻松、愉快、融洽的气氛。

那些经常微笑的人往往被认为是热情、富有同情心和善解人意的，当然，这种微笑必须是真诚的。在现实生活中，那些虚假的微笑总是与矫揉造作和缺乏自信相关联。一些研究表明，最动人的微笑来自微笑者发自内心的愉悦。在许多人看来，脸上的微笑比个体的人格更具魅力。如果我们在现实社会中体验微笑并长期坚持下去，或许会有许多新的发现。

（三）手势语

手势语是指交谈者运用手指、手掌及手臂的动作变化来传递信息。在交谈中，交谈者运用双手可以非常鲜明地表达自己的意图。可以说，在非语言沟通中，手势语的运用最灵活、方便，而且变化形态最多，表达内容最丰富，使用频率最高。所以，恰当地运用手势语，可强化有声语言的表达效果，产生极强的表现力和吸引力。手势活动的范围一般分为三个区域，不同区域的手势语有不同的含义。

1.上区手势

上区手势是指手势在人体肩部以上的区域活动。这种手势一般表达激昂、喜悦、祝贺等情感；手势向内、向上，掌心也向上，表示积极、肯定的意思；手握拳，放在肩部以上，则表达起誓。

2.中区手势

中区手势是指手势在人体肩部至腰部中间的区域活动。这种手势多用于平时的交往中，如叙述和说明事物、发表自己的观点等，它能表现交谈者较平稳的情绪。一般来说，中区手势的变化较灵活。

3.下区手势

下区手势是指手势在人体腰部以下的区域活动，这种手势多用以传达反对、批判及失望等情绪。若手势向外、向下，掌心也向下，则传递出消极、否定的信息。一般来说，在日常交流中较少使用这种手势，它多用于公开场合中发表演讲。

此外，在与他人的交谈中，还可借助其他手势传递不同的信息，如来回搓手表示不安、拘束或窘困；摊开双手则表示无可奈何，或真诚与公开；将手握成拳，则表达愤怒的情绪；使用摆手的手势，则表示拒绝。当然，人们的某些姿态在特定场合中也能传达某种特定的内心感受。可以说，运用非语言手段传递信息具有更加真实、生动的效果。比如，恰当地借助肢体语言巧妙地拒绝对方，可能会帮助交际者更平静地传达出拒绝对方的信息，而避免给对方带来不快的感觉。在人际沟通中，运用非语言手段比起运用语言更能让对方感到真实、生动并易于接受。

（四）体态语

体态语，又称动态体语，即通过无声的动姿来沟通思想和感情。在与他人交谈的过程中，一般可通过对方的体态姿势推断其寓意，判断对方的个性、气质。例如，从对方的颈部来判断，脖子伸得长的人可能有傲气；而将脖子缩着的人可能有点呆滞。从对方的头部去判断，正着头听人讲话，表现出庄重、正式；而偏着头听人讲话，往往是乐意关心他人，而且表现出对谈话的兴趣。当然，人的某些姿态在特定场合中也能传达某种特定的内心感受，发挥传递信息的作用。

概括起来，非语言沟通的功能主要体现在以下四个方面：表达感情、调节相互关系、验证语言信息、维护自我形象。

第四节　人际沟通的策略及应注意的问题

人们在沟通和交流的过程中，往往会受到来自诸多方面因素的影响，比如，来自沟通的主客体和外部环境等因素的影响。为使沟通活动正常、有效展开，消除各种干扰和不利影响，以实现增进人际关系的目的，我们需要掌握必要的沟通策略，了解沟通中应注意的问题。

一、人际沟通的策略

为促使人与人之间的交流能够卓有成效地展开，我们不仅需要学习和了解沟通的相关知识，遵循沟通的一般原则，还需要掌握具体的、有效的沟通策略。

（一）把握沟通中的关键点

1.明确沟通目标

沟通的目标是沟通的灵魂，也是整个沟通计划的主题。可以断定，一旦沟通的目标不明确，整个沟通过程就无法顺利开展。沟通的目标应根据双方的沟通理解能力、态度转变、互动状况、意愿空间来确定。应当注意，在沟通过程中不可被其他事物所吸引，分散注意力，而游离于目标之外。例如，双方在洽谈中，为活跃气氛可以"夸奖"对方，但如果对对方说一些溢美之词，便会严重影响双方关系，以致影响沟通目标的实现。

2.了解沟通对象

在沟通过程中，人们往往容易将注意力集中在对沟通目标和沟通内容的把握上，而忽略了沟通另一方所作出的各种反应，这样的沟通必然是失败的。实际上，评价沟通效果的最终目标是接收信息一方的理解和接受程度，而不是信息传递一方表达的清晰程度。有时，一个十分准确的表达方式所带来的结果却令对方感到茫然甚至误解。所以，在对方不能正确接收和理解信息的情况下，可考虑另觅时机，切记不可以迫不及待地表明自己的观点。所以，沟通者需要在沟通前对沟通对象有一个较为全面的了解，并在沟通的过程中密切注视和观察对方的需要、动机、兴趣以及情绪，根据沟通对象的心理状态及现场反应，采用恰当的沟通策略。

3.选择沟通手段

沟通手段是否得当，关系到沟通能否有效地组织和实施并取得成效。如何选择沟通手段，可以从以下几个方面考虑：

（1）采用的沟通媒介

沟通媒介主要分为口头和书面两大形式。口头形式包括面对面交谈，播放录音、视频等；书面形式则可采用准备好的资料、备忘录及电子课件等。沟通媒介的选择，应根据实际情况而定。

（2）信息的组织形式

信息的组织形式，即在沟通中使用的话语表达方式。就表述的逻辑性而言，可采用演绎法或归纳法。演绎法是从一般的结论或主要观点出发，对具体的事例进行解释和说明。归纳法则是从具体的事例出发，经过分析、解释，得出主要观点或一般性结论。

（3）个体风格的呈现

个体风格主要从仪表（仪容、仪态、衣着）、言谈举止、风度等方面体现出来。不可否认，一个人能否与周围的人进行有效沟通，与个人风格的呈现有很大关系。良好的风格能展现个人魅力，自然会为沟通的顺利进行起到推动作用。

（4）场合、时间的考虑

沟通场合是指沟通活动开展的空间范围及布局。沟通场合往往对人起着心理暗示的作用，从某种意义上说，它决定着人们对信息的解读方式，因而必须对沟通场合予以慎重考虑。许多擅长沟通的人，往往选择某些特定场合作为交谈地点，以显示自己的特殊身份。在沟通地点的选择上要注意两点：一是能使沟通双方感到轻松自如；二是应尽量减少环境的干扰。此外，时间也是决定沟通效果的重要因素。应考虑到不同的时间段以及对时间的分配，会给对方传达不同的信息，因而，时间的选择和安排应妥当、合理。

（二）掌握沟通的技巧

沟通的技巧，即沟通的手段和艺术，对沟通的顺利进行具有十分重要的作用。

1.遵从对方的"言默之道"

在现实生活中，顺着交往对方的"言默之道"进行沟通，能收到良好的效果。所谓"言默之道"，"言"是指对方运用言语表达；"默"则是指对方保持沉默状态。通常，人们有一个错觉，在与他人交谈时，必须多说、多问才能达到有效沟通并自以为了解对方，或者以为对方不说话便是默认。需要指出的是，在沟通过程中，往往是沟通客体掌握着"要不要听"和"要不要说"的主动权。因此，顺从沟通客体所关心的事情、所感兴趣的问题去沟通，则容易找到共同话语并达到沟通的目的。因此，作为参与沟通的主体，应多给对方开口说话的机会，并鼓励对方发表自己的观点。其实，"默"也是一种沟通，用得恰当，则会收到"此时无声胜有声"的效果。总之，在沟通中应时刻让对方感到放松、自如，丝毫没有压力，这样不仅能获得对方的尊重和信任，同时也能使交流有效地展开。

2.沟通中的"自我暴露"

每一个人身上都存在着四种不同的区域，即开放区域、盲目区域、秘密区域和未知区域。

（1）开放区域

开放区域是指"人知、自知"的区域。这个区域里，涉及"我"的行为、兴趣、嗜好、思想、观念、婚姻及家庭、籍贯、职业、年龄、脾气、秉性、外貌状况等各种各样的背景资料。

（2）盲目区域

盲目区域是指"人知、自不知"的区域。人们常常看不到自己的缺点和优点，常常做自己意识不到的事。有句俗话"当局者迷，旁观者清"，说的就是"人知、自不知"的状态。一般来说，盲目区域越大，人们的信息交流活动越容易处于盲目的状态。

（3）秘密区域

秘密区域是指"自知、人不知"的区域。有些人做了好事不留名，有些人做了恶事，只愿天知、地知和我知，更有许多人出于自卫的本能，把自己想的、做的都埋在心底，这都是人的秘密区域所涉及的问题。

（4）未知区域

未知区域是指"自不知、人亦不知"的区域。这个区域的大小很难确定，但它的存在是无疑的。人的潜意识在很大程度上就是一个"自不知、人亦不知"的未知区域。但是，正如潜意识可以转化为意识一样，未知区域经过一定时间后，可能变成秘密区域、盲目区域或开放区域，那时，未知就会变成已知。

要实现与他人的有效沟通，就必须进行积极的自我暴露，扩大开放区域，缩小秘密区域。应意识到，沟通深度在很大程度上取决于沟通双方的自我暴露，当然，在这个过程中应遵循自我暴露的基本要求。

3.心理或情感的有效诱导

人际沟通基本的技巧之一就是巧妙地诱导对方的心理或情感。譬如，运用言语沟通时，必须充分考虑到对方此时此刻的心理状况，这种考虑可以从两方面入手：首先，把握良好的心理时机。一个人在心情愉快时，什么话都能听进去，若想恳求领导或批评教育别人时，应注重选择时机。其次，在进行沟通、交流的过程中，应根据对方的心理特征谨慎地选择和组织话语。

在人际交往中，打动对方的感情往往比启发对方的思想更富有成效。有时，在交流中同样的一句话，由对方动情而主动地说出来，效果就会大不相同，对方对自己所作的承诺一定会全力以赴，就算遇到困难也会全力克服，这能使沟通的效果更好。可见，真正的沟通是建立在交往双方两情相悦的基础上的。人们经常说："通情达理"，显然，只有在"通情"的基础上才能实现"达理"。

（三）善用沟通中的迂回战术

一般而言，实现沟通有两种途径：一种是直接沟通，另一种是迂回沟通。所谓迂回沟通，是指避免正面出击，采取迂回曲折的方式达到沟通的目的。

在有些具体的沟通中，往往会遇到一些棘手的难题，令交谈者不宜直接表达。面对此种情况，不妨采用迂回战术，也不失为达到沟通目的的有效手段。心理学研究表明，人人都有排他心理，特别是交往一方以强硬的姿态命令对方遵从其旨意时，说服对方应使用商量的语气、委婉的言辞，当对方心情放松时，再提出解决方案，这时容易达到沟通的目的。

在迂回沟通中，也可以采用第三者传递信息的方式，通过传递信息者和接收信息者的关系，以及他们的表达技巧，促使信息有效传递，以达到预期的沟通效果。

二、人际沟通中应注意的问题

人际沟通是一个极其复杂的过程，并且受到多方面因素的影响，因此，对于沟通中容易出现的一些较关键的问题，沟通双方应予以重视。

（一）保持沟通双方人格的完整性

一些学者认为，在态度和行为中有一种稳固的、一生都不会改变的本质，也正是这种本质标识出了我们的身份，这个本质就是人格。值得注意的是，建立和增强人际关系的唯一途径，是保持交往双方自身人格的完整性。在现实生活中，每个交往主体都有其独特的人格、特有的思维方式和行为准则。因此，在与他人进行沟通时，既要尊重对方的人格，也要保持自我人格的完整。若沟通中的一方做出不当的"迁就"或"妥协"，便会遭到对方的轻视，失去双方之间的信任和尊重，直接影响平等人际关系的建立，妨碍沟通的正常进行。

（二）根据不同对象进行有针对性的沟通

在现实生活中，应根据不同对象进行有针对性的沟通。如果沟通对象是中年人，那么在交往中应表现得成熟、理性，交谈的话题可多围绕对方的事业展开。中年人经验丰富，在交谈中注意表现出向对方请教的愿望。基于中年人已大多形成了个人特有的风格，因而应把握对方的特点，以同对方展开轻松的交流。如果沟通对象是女性，那么交流者应该对女性的心理有一定的了解。要想缩短双方的距离，应与对方在心理上取得一致，产生共鸣。在与女性进行沟通时，作为男性应表现出沉着、稳重、直率、爽快，方能赢得对方好感，同时要注意交谈内容不涉及对方年龄等敏感问题，在交谈中应力求富有人情味，这样会促使沟通顺利展开。

（三）努力减少沟通中的障碍

在人际沟通中，会遇到来自各方面的障碍。减少这些障碍的有效方法如下：首先，在沟通过程中，应注意不断检查信息发送者所发送信息的真实性、有效性。其次，要清楚地了解沟通对象；同时，牢记沟通的动机是什么，使自己不偏离轨道。最后，应把握好意见沟通的四个环节，即从意见不通到意见互通；从意见互通到意见分歧；从意见分歧到意见冲突；从意见冲突到意见调和。需要明确的是，参与沟通者在整个沟通过程中拥有饱满的热情、坦诚的态度、良好的姿态，能为有效排除障碍、促使沟通的成功起到重要作用。

人际关系与沟通，两者相互影响，如果人际关系良好，沟通便会比较顺畅；如果沟通良好，那么也能够促进人际关系的和谐。反之，人际关系不良，会增添沟通的困难和障碍；沟通不良，则会导致人际关系恶化。从某种角度来说，沟通质量的好坏决定了人际关系的亲疏。

第五节　人际沟通在职场中的应用

一、职场中常见的沟通错误

（一）不注意倾听

在职场中，不要总是急切地说话，而是要学着倾听别人在说什么。

（二）问太多问题

如果在职场中提太多的问题，会让对方觉得有点像被审问。换作你，你也不喜欢被问太多。一种折中的办法是在陈述中伴随着提问。

（三）表达方式欠佳

沟通中重要的不只是说话的内容，还包括表达方式。声调和肢体语言也是信息传达的重要组成部分。在职场沟通中，表达方式欠佳也是最容易犯的错误。

（四）急于求得关注

每一个说话者都希望自己能一直在聚光灯下，被大家关注。当某些人在说一些趣闻或者一些本来是你打算要阐述的观点时，请不要打断他们。

（五）争论谁对谁错

在职场沟通中，要避免争辩。一次谈论并不是一场真正的辩论。没有人会在意你是否每一次谈话都会赢，反而是坐下来、放松并且保持好的心情更能让别人记住你。

（六）谈论不合适的主题

如果在一个聚会或者某些地方你很想和某些人交流，那么你可能需要避免一些话题。比如，谈论你糟糕的身体状况或者人际关系，差劲的工作或者老板，只有你和其他一些人才懂的技术行话或者其他一些需要场外人员来帮助驾驭的话题。在职场沟通中，这些都是大忌。

（七）缺少行动

如果某人在分享他/她的经历，也请公开分享你的一段经历。不要只是站在那里点头和简短地回答问题。如果有人正在谈论某一个话题，他们当然也欢迎你加入他们。就像在生活中的很多时候一样，你不能总等着其他的聚会到来才离开第一个聚会。我们需要积极主动，成为开始谈话的第一人。

二、职场中双赢的沟通技巧

人际沟通中有六种思维模式，分别是赢、双赢、赢输、输赢、双输、无联系。这里我们要研究的是双赢的思维模式。寻找让每个人都获得满足的方法，不仅有助于事业上的成功，更能丰富人生。双赢是一种成功的策略，不必牺牲自己来成全别人，因为它是以互惠为前提，找出解决冲突的办法。双赢是一种有效解决冲突的方式。这是一种利人利己的思维方式。

一个具有双赢品质的人，会自然而然地具有诚信、成熟、豁达的个性特质，这些特质传达着个人内心深层次的信念及个性品格。处于双赢关系中的人，能够建立高度信赖的情感基础，他们始终能够以诚实、正直及忠诚的品德来服人，他们的行动与行为、决策与立场完全一致。建立双赢关系的方式有以下几种：

（一）了解别人

了解别人是沟通的基础，只有在了解了对方之后才能开始正常沟通。

（二）注意小节

一些看似无关紧要的小节，如疏忽礼貌、不经意的失言，其实最能消耗感情账户的存款。在人际沟通中，最重要的正是这些不容易引起人们注意的小事。

（三）信守承诺

守信是感情账户上的一大笔收入，背信则是庞大的支出，背信的代价往往超过其他任何过失。一次严重的失信可能使人信誉扫地，再难建立良好的互赖关系。

在与人沟通时不要轻易地许诺，即使不得不如此，事先一定尽量考虑所有可能发生的变数与状况，避免食言。唯有守信才能赢得他人的信赖，唯有信赖才能打开顺利沟通之门。当然，偶尔也会有人力无法控制的意外发生。不过，就算客观环境不允许，依然要努力履行诺言，尽力而为。否则，我们应该详细说明原委，请对方让自己收回承诺。

（四）阐明期望

几乎所有人际关系的问题都是由彼此对角色与目标认识不清，甚至相互冲突所致。所以，无论是在办公室工作，还是与朋友共事，都是目标越明确越好，以免产生误会、失望与猜忌。

对切身相关的人，我们总会有所期待，却误以为不必明白相告。如果你期望对方扮演某些角色，就应该和他/她进行开诚布公的讨论，阐明你的期望。在关系开始之初，就明确了解彼此的期待，纵使需要投入较多的时间和精力，却能省去日后的麻烦，这是非常必要的。否则，单纯的误会可能会一发不可收拾，阻绝了沟通的顺利进行。逃避问题，虽然心理轻松，但就长远看，不利于沟通的顺利进行和问题的解决。

（五）诚恳正直

诚恳正直可以赢得别人的信任，尤其是在职场中，诚恳正直更是为人处世的必备品质。背后不道人短是诚恳正直的最佳表现。

（六）勇于道歉

在职场中，如果一个人做了错事，发乎至诚的歉意足以获得别人的谅解。由衷的歉意是职场中最有效的沟通方式，但如果一个人在职场中经常道歉，而不去改正自己的错误，就会被视为言不由衷。

三、职场中的沟通场景分析

（一）拜访客户

1.打招呼

在客户未开口之前，以亲切的话语向客户打招呼问候，如"王经理，早上好！"。

2.自我介绍

说明公司名称及自己的姓名，对客户见自己表达谢意，如"谢谢您能抽出时间给我见面的机会！"

3.破冰

营造一个良好的气氛，以拉近彼此之间的距离，缓和客户对陌生人来访的紧张情绪，如"王经理，我是您部门的张工介绍来的，听他说，您是一个很随和的领导。"

4.开场白

一是提出议程；二是陈述议程对客户的价值；三是时间约定；四是询问是否接受。例如，"王经理，今天我是专门来向您了解你们公司对某某产品的一些需求情况，知道你们明确的计划和需求后，我可以为你们提供更方便的服务，我们谈的时间大约只需要五分钟，您看可以吗？"

5.结束拜访

在结束初次拜访时，营销人员应该再次确认一下本次来访的主要目的是否达到，然后向客户叙述下次拜访的目的、约定下次拜访的时间。例如，"王经理，今天很感谢您用这么长的时间给我提供了这么多宝贵的信息，根据您今天所谈到的内容，我将回去好好地做一个供货计划方案，再来向您汇报，我预计下周二上午将方案带过来让您审阅，您看可以吗？"

（二）部门沟通

随着企业的发展壮大，企业内部分工越来越细化，业务部门越来越多，业务部门之间的沟通问题也日益突出。一些负责企业效益的业务部门或者核心业务部门，往往容易对其他支撑或者服务部门产生抱怨。而这些现象又从另一个方面制约着企业效率的最大化，导致很多企业内部的资源未被挖掘和开采，造成资源浪费。

现在，众多企业都趋于扁平化，使得跨部门之间的沟通更加频繁。部门之间地位平等，不存在上下级关系，按说沟通应该比较容易。但现实的情况是，部门之间协调的成本相当高昂，这种沟通的成本不仅存在于大规模组织内，同样也困扰着中小型公司。

许多事情其实并不复杂，而是相互之间的沟通不畅，以至于要搬出上司，甚至是上司的上司来协调，绕了很大的圈子，走了很长的弯路，耽误了很多人的宝贵时间。俗话说，浪费时间就是浪费金钱，这其实就是高昂的沟通成本。提高组织内部跨部门沟通效率的方法有以下几个：

1.有效整合部门目标

有部门就必然存在部门利益、小团体利益，这是不争的事实。尽管大家理论上都知道要摒弃小团体利益，从公司整体来考虑问题，但一旦侵犯到部门利益时，这个部门一般会不自觉地维护部门利益，而不是首先牺牲小团体利益。这是人的自利本性造成的，即使部门经理不想这么做，但迫于部门基层员工的压力也不得不这么做。这个问题的根本在于两者利益的不一致性，或者说两者的目标是不一致的。

为此，我们应该整合那种各自为政的部门目标，使部门的各个目标与组织的总目标一致。很多大企业在给部门设定预算目标时，都采取企业内部的计算依据，这样便于考核，但显然这种内部的计算依据不是面向市场的，而企业是面向市场的，它们的方向就明显不一致。企业设置的指挥棒方向不一致，直接导致部门内部员工和企业管理人员的想法不一致，沟通难以为继。

2.换位思考

在沟通过程中，双方的互相理解和换位思考非常重要。对部门经理来说，应多了解其他部门的业务运作情况，多从其他部门的角度考虑问题，理解其他部门的难处，这样才能更好地沟通。当其他部门不配合本部门的工作时，管理者应该检讨自己，站在对方的角度看问题，而不是一味地抱怨。

企业可以采取一些措施，促使员工换位思考。例如，企业可以制定一些制度，为员工创造跨部门沟通的条件，也可以成立跨部门的项目小组一起工作。不过，最常用、最有效的方法就是实行岗位轮换或者是互相兼职。企业应鼓励岗位轮换，请有业务背景的人员担当支持部门的主管，请业务链的上下工序主管互换。这样，既可以让员工学习到多种知识，也可以让各部门的员工站在一个更高的角度思考问题，使团队协作精神得以充分发挥。

3.注重非正式沟通

企业内部沟通中有正式沟通和非正式沟通。正式沟通很普遍，在跨部门沟通时经常被运用，如会议沟通。但需要注意的是，部门间需要沟通的较为敏感的问题最好能在会议前私下解决，迫不得已需要在会议上讨论的也应该先通气。此外，在会议上的沟通讨论，要以解决问题为主，而不能相互指责。

部门经理应该常"串门"，多与沟通对象面谈。现在，很多企业的部门都是模块管理，部门经理很少"互访"，用得最多的沟通方式就是电话沟通。对于面谈，很多人会说："我正事都忙不过来，哪有空去串门闲聊？"殊不知，面对面的沟通不仅可以大幅减少信息失真的问题，还可以增进部门之间的感情。

此外，还要避免告状式沟通。发现了相关部门的问题，最好与这个问题的相关部门责任人协调解决，而不能简单地把问题留给部门经理，更不能直接留给部门经理的上司。否则，对这个责任人而言，就是"告状"，即使这个问题由上司出面解决了，但以后的沟通协调可能更不顺畅。

4.坚持跟进

跨部门沟通的一个重要原则就是永远不要嫌麻烦。不要以为开完会、发个文件、写个报告就没事了，事后应该随时保持联系，主动了解其他部门的工作进度，掌握最新的情况。不要被动地等对方告诉你问题发生了，而是要主动而持续地沟通，预防问题发生。

很多人常常抱怨："事情怎么会这样，为什么不早说？"很多人都有过这样的经验，对方事先没有主动联系，任由问题扩大，等到无法解决了，才跑来求救。这样使人气愤也情有可原，但是如果别人不告诉你，为何你不主动去问对方？

不过，除了要跟进其他部门的执行情况之外，还要关注自己部门的状况。首先，要确保与下属之间的信息是完全畅通的。要避免这样的事情发生，如有时部门主管之间约定的事情，下属却完全不知情，还在为这事徒伤脑筋；有时则是下属之间彼此协调好的事情，却没有事先告知主管就去做了，主管知道后觉得不妥当，推翻之前的决定，一切又得重新来过。其次，部门经理要跟进下属在与其他部门沟通时是否遇到了某些困难，可以主动询问员工，是否需要你出面联系，以便尽早发现问题，尽早解决问题。

5.倡导沟通文化

跨部门沟通还有一个最为明显的障碍是企业缺乏一种氛围。很多企业的企业文化没有鼓励沟通的内容。因此，企业的老板如果想打造一个优秀的团队，并且希望各部门之间不会因为沟通不畅而内耗的话，就应努力在企业中营造一个良好的沟通氛围。

比如，很多员工在企业内部不愿意沟通，这有可能是他/她曾经因为主动沟通而遭受过打击。因此，企业的负责人应该为员工创造一个交流的平台，能包容各种不同的意见，不要随意打击下属的积极性。有些企业采取"头脑风暴法"，把问题拿出来，每个人都可以说，什么意见都能讲，慢慢地再进行总结。推动沟通的方法有很多，关键一点是要能包容不同的意见。

企业应该鼓励部门的员工与相关部门的员工建立朋友关系，采用"人盯人"的战术，告别以前那种只是"半熟脸"、没事不说话的现象；在有可能的情况下，请需要配合的部门主管参加本部门的业务会，不仅可以让他/她了解本部门的意图和需要获得的支持，还可以听取他/她的建议，以便在实施过程中部门之间配合得更顺利。其他部门主管可能也会吸取这个经验而请你"回访"。跨部门沟通不应拘泥于某种模式，沟通的方式多种多样，沟通的目的是增进交流和默契合作，使工作能顺利完成。

6.调整组织机构

如果部门之间需要频繁地沟通，则有必要考虑调整组织机构，使跨部门沟通变成部门内部沟通，有助于提升沟通的效率。如果信息传递链过长，会减慢流通速度并造成信息失真，则有必要减少组织机构重叠，拓宽信息渠道。

总之，有沟通才能把握全局，拓宽领导者的视野；有沟通才能凝成合力、组建强大的团队；只有更好地沟通，才能使企业更好地发展。

（三）工作汇报

工作汇报是一项工作的重要内容，也是展示自己工作成就的机会。无论是对员工还是对老板来说，工作汇报都是极其重要的。员工需要展示自己，老板需要了解员工，企业需要向外界展示企业经营成果，这些都体现在工作汇报之中。

学会做工作汇报，首先要学会做平时的总结，从工作中获得汇报的素材。这就包括以下方面的内容：第一，要学会聆听上级指示，善于抓住重点，善于总结。如果领导发现他/她说的你都做了自然会很高兴。第二，和同事交流。和同事交流可以获得一些别人的长处和经验，有助于优化自己的想法、弥补自己的一些缺点。第三，熟悉企业文化，洞悉领导心思。在什么地方说什么话，对什么人说什么话，所以，先别急着一言而尽，先熟悉再说话。第四，自己做工作总结和工作日志。汇报是一个选择性的总结，需要有很多的素材，所以，学会自己做工作总结和写工作日志是很重要的。

汇报工作需要多花功夫，按照领导的要求进行汇报，但是可以准备更多，这样才能起到更好的效果。工作汇报应注意的要点如下：第一，适当恭维。好话人人爱听，但是好话不是人人都会说，所以说好话要适度。第二，注意情境。如果老板正在气头上，不要和他/她汇报工作。第三，不要越级汇报。第四，不要背后说坏话。做人留余地，不在别人背后说坏话是很重要的。

（四）会议沟通

1.会议沟通的五大要素

（1）议题要和参与开会的人有关

若参与开会的人觉得议题和自身没有关联或者对探讨的议题不懂，又或者认为议题在自身责权范围以外，则会议将很难使其他员工获得参与感。

（2）选定适当的出席人员

开会要能决定事情，要能产生影响力。因此，出席会议的人必须对议题有决定权，并且在职务上有权利与义务执行会议的决定。

（3）具备专业的会议主持人

主持人是会议进行的灵魂人物，因此，主持人要能引导发言、控制会场秩序、管理时间、保证发言人不偏离主题、归纳出席开会人的发言要点、进行会议总结，主持人能成功地扮演好上述角色，会议才能成功进行。

（4）会前要有充分的准备

会前需要制作会议准备检查表，如会议主持人自我检查表，包括会议准备时的检查点（准备工作是否到位）、导入议题时的检查点（是否恰当地导入议题）、进行讨论时的检查点（是否有人跑题、超时，是否会争吵、相互指责或者离题万里等）、导出结论时的检查点（引导大家共同导出结论）。

（5）参与开会人的态度

参与开会人员的态度可以通过以下方面体现：第一，准时参加会议；第二，会前对要讨论的议题进行充分的准备；第三，尊重别人的发言权；第四，注意聆听别人的意见；第五，期望通过会议能得到最好的结论。

2.议题达成的四个阶段

在开会时，常常出现会而不议、议而不决、决而不行、行而无果的情况，这些都是无效会议的体现。通常来说，一个会议要想得出恰当、明确的结论主要包括四个步骤。

（1）导入议题

进入议题讨论前，以准备的资料说明研讨议题的目的及重要性，让开会的人员都感到这个议题对自己有切身的影响，从而愿意全心投入议题的讨论。

（2）充分发言

主持人要尽量引导大家的意见，包括指名发问、交替发问和以全体人员为对象进行发问。

（3）获得一致的结论

在会议中，要去掉大家没有能力做到的提议，删除离题的意见，对剩下的可行性意见，让参会人员评估每个意见的优劣点，最后评估选出的意见是否能达到议题的目的。

（4）确定责任人

确定责任人就是对每个结论确定负责实施的对象。对会议的每项结论要清楚地注明由谁负责，什么日期完成，何时由何人检查等。

3.做好会议追踪工作

在会议过程中，需要记录会议纪要，会后根据会议纪要进行必要的追踪，确定会议行动追踪表，并将会议决议事项的实施和出席会议人员签名表等记录表归档保存。

（五）与上级沟通

与上级沟通时，不能用问答题方式，少用判断题方式，要使用选择题方式。对于提出的方案，在执行前要对上级作全面的汇报，包括方案目标、计划方案、完成期限、衡量评估标准和需要的资源等。需要注意的是，要将辅助资料准备齐全。方案在执行过程中，要及时、恰当地向上级反馈进展情况，设置检查点，要注意准备好几个问题：项目是否在按计划执行；如果项目不是按计划执行，其原因是什么；项目执行过程中该如何调整；下一步可能出现的问题与应对措施；需要上级提供哪些支援等。需要注意的是，向上级表达观点时要简洁明了，用词要准确且谨慎。

（六）商务谈判

谈判是人们为了协调彼此之间的关系，满足各自的需要，通过协商而争取达到意见一致的行为和过程。谈判是人类行为的一个组成部分，人类的谈判史同人类的文明史同样长久。商务谈判是经济谈判的一种，是指不同利益群体之间，以经济利益为目的，明确相互的权利和义务关系而进行协商，就双方的商务往来关系而进行的谈判。商务谈判是一项集政策性、技术性、艺术性于一体的社会经济活动。商务谈判的一般步骤如下：

1.确定谈判态度

在商业活动中面对的谈判对象多种多样，我们不能拿同样的态度对待所有的谈判对象。我们需要根据谈判对象与谈判结果的重要程度来决定谈判时所要采取的态度。

如果谈判对象对企业很重要，比如，长期合作的大客户，而此次谈判的结果对公司并非很重要，那么就可以抱有让步的心态进行谈判，即在企业没有太大损失的情况下满足对方，这样对以后的合作会更加有利。

如果谈判对象对企业很重要，而谈判的结果对企业同样重要，那么就持一种友好合作的心态，尽可能达到双赢，将双方的矛盾转向第三方，比如，市场区域的划分出现矛盾，那么可以建议双方一起或协助对方去开发新的市场，扩大区域面积，将谈判的对立竞争转化为携手合作。

如果谈判对象对企业不重要，谈判结果对企业也无足轻重，那么就可以轻松上阵，不要把太多精力消耗在这样的谈判上，甚至可以取消这样的谈判。

如果谈判对象对企业不重要，但谈判结果对企业非常重要，那么就以积极竞争的态度参与谈判，不用考虑谈判对手，完全以最佳谈判结果为导向。

2.充分了解谈判对手

知己知彼，百战不殆。在商务谈判中这一点尤为重要，对对手了解得越多，越能把握谈判的主动权，就好像我们预先知道了招标的底价一样，自然成本最低，成功的概率最高。了解对手时，不仅要了解对方的谈判目的、心理底线等，还要了解对方公司的经营情况、行业情况、谈判人员的性格、对方公司的文化、谈判对手的习惯与禁忌等。这样便可以避免很多因文化、生活习惯等方面的矛盾。还有一个非常重要的因素需要了解，那就是其他竞争对手的情况。比如，一场采购谈判，我们作为供货商，要了解其他可能和我们谈判的采购商进行合作的供货商的情况，还有其他可能和自己合作的采购商的情况，这样就可以适时给出相较其他供货商略微优惠一点的合作方式，那么将很容易达成协议。如果对手提出更加苛刻的条件，我们也可以把其他采购商的信息拿出来，让对手知道，我们是知道底细的，同时暗示我们有很多合作的选择。反之，我们作为采购商，也可以采用同样的反向策略。

3.准备多套谈判方案

谈判双方最初各自拿出的方案都是对自己非常有利的，而双方又都希望通过谈判获得更多的利益，因此，谈判结果肯定不会是双方最初拿出的那套方案，而是经过双方协商、妥协、变通后的结果。

在双方谈判的过程中常常容易迷失最初的目标，或被对方带入误区，此时最好的办法就是多准备几套谈判方案，先拿出最有利的方案，如果没有达成协议再拿出其他的方案，还没有达成协议就拿出再次一等的方案。即使我们不主动拿出这些方案，但是可以做到心中有数，明确向对方的妥协是否偏移了最初设定的框架，这样就不会出现谈判结束后，才发现自己的让步已经超过了预计承受范围的情况。

4.营造融洽的谈判气氛

在谈判之初，最好先找到双方观点一致的地方并表述出来，给对方留下一种彼此更像合作伙伴的潜意识。这样，接下来的谈判就容易朝着一个共同的方向发展，而不是剑拔弩张地对抗。当陷入僵局时，也可以找到双方的共同点来增强彼此的信心，化解分歧。可以提供一些对方感兴趣的商业信息，或对一些不是很重要的问题进行简单的探讨，达成共识后，双方的态度就会发生改变。

5.设定谈判的禁区

谈判是一种很敏感的交流，所以，语言要简练，避免出现不该说的话。但是，在长时间谈判过程中也难免出错，最好的方法就是提前设定好哪些是谈判中的禁语，哪些话题是危险的，哪些行为是不能做的，等等。这样就可以最大限度地避免在谈判中落入对方设下的陷阱。

6.语言表述简练

在商务谈判中，忌讳语言松散或像拉家常一样的语言方式，而是要尽可能让自己的语言简练，否则，谈判的关键词语很可能会被淹没在拖拉、冗长、毫无意义的语言中。一颗珍珠放在地上，我们可以很轻松地发现它，但是如果倒一袋碎石子在上面，再找珍珠就会很费劲。同样的道理，我们人类接收外来声音或视觉信息的特点是一开始十分专注，注意力随着接收信息量的增加会越来越分散，如果是一些无关痛痒的信息，更容易被忽略。

（七）说服

无论从事何种工作，人一生当中都要不断地与形形色色的人打交道。在与人交往的过程中，如何巧妙而不是机械地、委婉而不是生硬地说服对方理解、赞同自己的观点、想法或安排，主动、自觉、心甘情愿地照此行动，是一门内涵颇深的艺术，运用得好，能产生非常大的作用。一般而言，说服要遵守以下原则：

1.自信尊人原则

要说服别人赞同你的观点、想法或安排是正确的，首先自己要自信。自信未必一定能说服人，但不自信肯定不能说服人。不过，只有自信是不够的，还必须充分尊重对方，多从积极的方面看对方，约见要守时，握手要有力，交谈要耐心聆听。如果要说服对方认识错误，一定要注意别用挖苦的语言，要换位思考，用你希望别人对待你的方式对待对方，不能只顾自己痛快，不顾别人的感受。

2.实事求是原则

真诚的人、诚实的话容易被人接受，想给人以真诚、诚实的印象，就一定要诚实守信。说服别人时，最忌道貌岸然、装腔作势，嘴里假话、空话、大话不绝，因为你戴着面具，人家看不透你，不敢相信你这个人，更不可能听从你的安排。

3.反自我利益原则

如果你想让别人接受的东西能给你带来利益，这种利益越多别人就越不会接受，而对你个人没有好处甚至还有危害的东西，别人却很容易相信。这里有两点需要注意：一是你希望别人如何对待你，你就如何对待别人；二是别人希望你怎样对待他，你就怎样对待他。

参 考 文 献

[1] 白晓. 人际交往心理学[M]. 长春：吉林出版集团股份有限公司，2019.

[2] 成越洋，（美）吕新安. 人际沟通学概论[M]. 北京：中国传媒大学出版社，2019.

[3] 郭婷. 人际关系心理学[M]. 哈尔滨：黑龙江美术出版社，2019.

[4] 鸿雁. 人际关系心理学[M]. 长春：吉林文史出版社，2017.

[5] 贾海泉. 人际关系应用心理学[M]. 上海：文汇出版社，2018.

[6] 贾启艾. 人际沟通：案例版[M]. 4版. 南京：东南大学出版社，2019.

[7] 江红艳. 人际关系视域下的自我调节消费研究[M]. 武汉：武汉大学出版社，2017.

[8] 李本祥. 大学生人际关系困惑及干预策略研究[M]. 南昌：江西科学技术出版社，2018.

[9] 李炳全，张丽玲. 人际关系心理学[M]. 北京：科学出版社，2017.

[10] 刘建华. 人际关系心理学[M]. 北京：煤炭工业出版社，2017.

[11] 吕勤. 共情与人际关系：结构、相关因素与干预实验[M]. 北京：旅游教育出版社，2019.

[12] 孟建安. 人际交往语言学[M]. 广州：世界图书出版广州有限公司，2019.

[13] 彭贤，马千珉. 人际关系心理学[M]. 3版. 北京：北京交通大学出版社，2019.

[14] 桑楚. 玩转人际关系心理学[M]. 杭州：浙江工商大学出版社，2018.

[15] 司继伟. 人际关系心理学[M]. 北京：中国轻工业出版社，2019.

[16] 宋犀堃. 人际交往心理学[M]. 北京：中国民族文化出版社有限公司，2019.

[17] 谭昆智，杨力. 人际关系学[M]. 4版. 北京：首都经济贸易大学出版社，2018.

[18] 王学胜. 人际关系心理学[M]. 北京：煤炭工业出版社，2019.

[19] 袭开国. 青少年人际关系心理学[M]. 北京：中国商务出版社，2019.

[20] 许晓青. 人际关系管理实务[M]. 2版. 上海：复旦大学出版社，2017.

[21] 杨丹. 人际关系学[M]. 武汉：武汉大学出版社，2010.

[22] 于海娣. 人际关系心理学[M]. 长春：吉林文史出版社，2017.

[23] 俞杰龙. 人际关系对人情消费行为的影响[M]. 北京：中国社会科学出版社，2017.

[24] 元心语. 人际关系心理学[M]. 苏州：古吴轩出版社，2019.

[25] 张道明. 大学生人际关系学[M]. 保定：河北大学出版社，2018.

[26] 张荷英. 人际关系与公共礼仪[M]. 2版. 北京：首都经济贸易大学出版社，2018.

[27] 张文光. 人际关系与沟通[M]. 2版. 北京：机械工业出版社，2018.

[28] 志舒. 人际沟通心理学[M]. 长春：北方妇女儿童出版社，2019.

[29] 周朝霞. 人际关系与礼仪[M]. 3版. 杭州：浙江大学出版社，2018.